Geschmackssache

Christian Grünwald,
seit 1990 Chefredakteur des Feinschmeckermagazins „A la Carte“ und des Gourmetguides „Österreich A la Carte“. Zusammen mit Reinhard Gerer verfasste er die Bücher „Feine Küche für zwei“ und „Der große Gerer“. Der Autor lebt in Wien.

Die Deutsche Bibliothek - CIP-Einheitsaufnahme
Geschmackssache : Tipps und Tricks für Genießer / Christian Grünwald [Christoph Abbrederis]. - St. Pölten ; Wien ; Linz : NP-Buchverl., 2002

NP BUCHVERLAG
St. Pölten – Wien – Linz

www.np-buch.at

Gestaltung: Kurt Hamtil, verlagsbüro wien

Gesamtherstellung:
Niederösterreichisches Pressehaus
Druck- und Verlagsgesellschaft mbH
A-3100 St. Pölten, Gutenbergstaße 12

ISBN 3-85326-194-9

Christian Grünwald

Geschmackssache

Tipps und Tricks
für Genießer

NP
BUCHVERLAG

Schmeckt's, oder schmeckt's nicht?

Es ist noch gar nicht so lange her, da wurde in feinen Restaurants allen Ernstes darüber diskutiert, ob man Spargel mit Messer und Gabel essen darf oder die edlen Stangen mit der Hand und einem Spezialbesteck an den Mund zu führen hatte. Dazu passte, dass manche Kellner punkto Fachwissen gescheiter als ihre Gäste waren und dies auch genüsslich auslebten. Entsprechend groß war die Schwellenangst vor den so genannten Gourmettempeln: Selbst genussfreudige Gäste, die sich den Besuch finanziell locker leisten konnten, hatten Angst, beim Verzehren eines Hummers oder bei der Weinbestellung einen Fauxpas zu begehen.

Heute spielt sich ein Restaurantbesuch ungleich lockerer ab. Die letzten zehn und etwas mehr Jahre werden späteren Generationen in der Rückschau als eine „kulinarische Dekade" erscheinen. Die Feinschmeckerei als Ausdruck einer hedonistischen Lebensweise gehört mittlerweile zum gängigen Lebensstil. Entsprechendes Basiswissen über Produkte, Zubereitungsarten und Verhaltensformen ist aber nach wie vor gefragt: um den lustvollen Smalltalk bei Tisch zu führen, aber auch, um das Servierte qualitativ entsprechend einschätzen und genießen zu können.

Dieses Buch versteht sich nicht als allumfassender Ratgeber, sondern als unterhaltsames Panoptikum kulinarischen Wissens, zum Nachschlagen und Schmökern. Es enthält sachdienliche Informationen und wunderbar unnützes Wissen. Letzteres ist eine wertvolle Information für alle nur erdenklichen Geschmackssachen – und willkommenes Gesprächsthema bei allen nur möglichen Gelegenheiten.

Und zum Schluss, ob beim Trinken eines Mouton 1945 oder dem Verzehr eines Schinkenbrotes, stellt sich stets die alles entscheidende Frage: Schmeckt's, oder schmeckt's nicht? Die Antwort ist ermutigend für alle liberalen Genießer: Wirkliche Topqualität erklärt sich stets durch den Geschmack selbst.

Christian Grünwald

Aal

Wie schmeckt eigentlich ein Glasaal?

Fast ist man versucht zu sagen: nach nicht viel. Oder so wie Glasnudeln. So ähnlich sehen Glasaale zumindest aus: wie durchsichtige, etwa fünf bis zehn Zentimeter lange Würmer, die in Küstenorten manchmal frittiert angeboten werden. Bei Glasaalen handelt es sich um etwa drei Jahre alte Aale, die nach ihrer Zeugung in der Sargassosee gemächlich an die europäischen Küsten treiben. Wegen seines schlangenförmigen Körpers, der seit Volker Schlöndorffs „Blechtrommel"-Verfilmung häufig mit einem Pferdekopf assoziiert wird, ist der Aal nicht unbedingt jedermanns Sache. Man kann vieles essen, muss aber nicht. Dass die meisten Aale geräuchert oder gekocht werden, hat einen so banalen wie toxischen

Grund. Mit diesen Zubereitungsmethoden wird am zuverlässigsten das im Aal enthaltene Nervengift zerstört, das Menschen Magenschmerzen bereiten kann. Aal-Carpaccio ist also nicht und könnte maximal eine europäische Kugelfischvariante werden.

Aal

Was ist eine Aalmutter?

Nein, das ist nicht Mama Aal, sondern ein Küstenfisch in der Nord- und Ostsee, dessen Nachwuchs entfernt an Glasaale erinnert. Erwähnenswert ist der Aalmutter-Fisch vor allem wegen einer im Skelett enthaltenen Phosphatverbindung, wodurch sich die Gräten beim Garen grün färben. Der Fisch schmeckt gar nicht so schlecht.

Absinth

Warum war Absinth einige Zeit verboten?

Weil die berühmt-berüchtigte, mit Wermutauszügen hergestellte Spirituose das Nervengift Thujon enthält, das in größeren Mengen genossen Halluzinationen und epileptische Anfälle auslösen kann. Besonders die Künstler der Boheme genossen Absinth derart maßlos, dass sie dem Vernehmen nach reihenweise in Selbstmord und Wahnsinn getrieben wurden. Seit 1915 verboten, lebt der Absinthismus nun auf legale Weise wieder auf. Dank strenger Kontrollen soll das Thujon auf unter zehn Milligramm pro Liter beschränkt sein. Eventuelle Erscheinungen sind nun ausschließlich auf den Alkohol zurückzuführen.

Amuse gueule

Warum wird das Amuse gueule in feinen Restaurants so wichtig genommen?

Viele Küchenchefs investieren in die kleinen Appetithäppchen zum Start eines Menüs ihren ganzen persönlichen Ehrgeiz. Die Psychologie tut ein Übriges: Der hungrige Gast wird mit diesem Magenaperitif in freudige Stimmung versetzt und dabei auch noch überrascht. – Man weiß ja nicht, was kommt, und weil man es nicht bestellt hat, scheint es wie ein Geschenk. Separat verrechnet wird dieser kleine Gang zwar nicht, mitkalkuliert aber sehr wohl, weshalb auch zum Kaffee und der anschließenden Rechnung das süße Äquivalent, die Petits Fours, aufgetragen wird. Restaurants wie das „Steirereck" in Wien sind für ihre exzeptionelle Amuse-gueule-Kultur bereits so berühmt, dass der Genuss derselben für manche Gäste bereits den Höhepunkt des Besuchs darstellt. Je nach sprachlicher Neigung nennt man das Amuse gueule auch Amuse bôuche. Der Unterschied ist schwer auszumachen, die wörtliche Übersetzung lässt nur Vermutungen zu. „Gueule" bedeutet

Kehle, „bôuche“ steht für Mund. Hungrige Vielfraße werden also mit einem Maul voll Amuse bôuche bestens bedient sein, während die hungrige Eleganz beim winzigen Amuse gueule die Magensäfte im Zaum zu halten versucht. Bleibt noch festzuhalten, dass manche Küchenchefs wegen des ihrer Ansicht nach übertriebenen Getues um den „Gruß aus der Küche“ lieber gleich gar nichts servieren. Zu viel Zeit bis zum ersten Gang sollte dann aber nicht verstreichen.

Aperitif

Darf man in einem Spitzenrestaurant statt des angebotenen Champagners auch ein Bier als Aperitif bestellen?

Selbstverständlich. Der Aperitif soll nicht nur Appetit auf die nachfolgende Mahlzeit machen, er soll auch dazu dienen, sich bei einem erfrischenden Glas zu entspannen und auf den kommenden Genuss einzustimmen. Und das geht mit einem Glas Schaumwein ebenso gut wie mit einem Bier oder einem anderen Getränk, das nur bitte nicht zu alkoholreich sein sollte. Immer mehr in Mode kommt daher, als Aperitif ein Glas spritzig-frischen Weißwein zu wählen oder auch ein erfrischendes Mineralwasser.

Aroma

Bedeutet der Vermerk „natürliche Aromen“, dass diese von jenem Produkt stammen, nach dem sie auch schmecken?

Schön wär's. Nach geltendem Lebensmittelrecht wird „natürliches Aroma“ definiert, indem der angewendete

Stoff in irgendeiner Form in der Natur vorkommen muss. Das können beispielsweise Sägespäne sein, die nach einiger Bearbeitung im Labor plötzlich auf Erdbeeraroma machen, Himbeeraroma wiederum entsteht zumeist aus Zedernholz. Manche Baumpilze und Bakterien taugen für perfekte Nussaromen, ein Mix aus Pilzen, Bakterien und Holz ergibt tolles Vanillefeeling. Warum das die Lebensmittelindustrie tut? Es ist ungleich günstiger, „natürliche Aromen“ herzustellen, als das Aroma aus dem Originalmaterial zu extrahieren. Als Endergebnis schmeckt dann beispielsweise ein Joghurt verführerisch gut nach Nuss oder einer x-beliebigen Frucht, die man seltsamerweise gar nicht erblickt. Gesundheitsschädlich sind all diese Zusatzstoffe nach heutigem Wissensstand nicht. Aber wollen wir das allen Ernstes mit Genuss essen?

Artischocke

Darf man Artischocken mit der Hand essen?

Ja, anders geht es bei manchen Zubereitungsarten auch gar nicht. Mit den Fingern darf man ans Werk gehen, wenn die Artischocke im Ganzen gegart wurde. Man zupft dann händisch einzelne Blätter ab, tunkt diese in die dazu servierten Dip-Saucen und löst mit den Zähnen das untere fleischige Ende der Blätter ab. Unnötig zu sagen, dass dabei keine Schmatzgeräusche entstehen dürfen. Die Blätter legt man auf einen für diesen Zweck bereitgestellten Teller. Langsam erscheint dann der Artischockenboden, der allerdings noch vom so genannten Heu, den ungenießbaren Blütenfäden dieses Distelgewächses, überlagert ist. Dann wird es Zeit, sich in der servierten Fingerschale die Finger zu reinigen, mit dem beiliegenden Tuch abzutrocknen und das Heu mit Messer und Gabel zu entfernen. Die Mühe lohnt sich, der Artischockenboden ist die eigentliche Delikatesse.

Aschermittwoch

Warum ist der Beginn der Fastenzeit ein kulinarisches Fest?

Dass aus dem Fasten ein Fest geworden ist, hat seine Wurzeln in der christlichen Tradition. Früher gab es ja extrem viele Fasttage, an denen kein Fleisch gegessen werden durfte. Also unternahm man besondere Anstrengungen, um aus – dem erlaubten – Fisch ganz besondere Speisen zu gestalten. Außerdem erklärte man im Wasser lebende Tiere wie etwa Fischottern, Frösche, Biber, Enten und Schwäne zu Fastenspeisen, da sie ja im selben Element wie die Fische zuhause sind.

Sogar vor Speiseimitationen schreckte man nicht zurück. So formten fromme Kirchenleute helles Geflügelfleisch zur Form eines Fischfilets, um den Anschein in der Fastenzeit zu wahren. Und auch die Armen imitierten gerne und oft die Speisen der Reichen: Der falsche Hase ist wohl das bekannteste Beispiel.

Aufstehen

Ist es übertrieben, wenn Herren aufspringen, sobald sich eine Dame bei Tisch erhebt?

Keineswegs, obwohl es kaum jemand mehr tut. Korrekt wäre das Prozedere so: Sobald eine Dame Anstalten macht, sich zu erheben, stehen auch alle Herren am Tisch auf. Dem Herrn zu ihrer Linken kommt noch die Aufgabe zu, beim Wegrücken des Sessels behilflich zu sein. Sobald die Dame zurückkehrt, haben sich die Herren abermals zu erheben, auch der Sesselrücker hat wieder in Aktion zu treten. Bei größeren Tischrunden mit einem entsprechenden Kommen und Gehen ist das zugegebenermaßen nicht gerade eine kommode Sache. Doch diese Höflichkeitsgeste wirkt garantiert und macht nicht zuletzt auch jenen aufgeklärten Damen große Freude, die immer „ist doch nicht notwendig“ sagen.

Austern

Warum beträufelt man frische Austern mit Zitronensaft?

So lässt sich leicht überprüfen, ob die Auster frisch ist. Denn auch wenn es manche sensible Esser nicht hören wollen: Austern müssen noch leben. Das lässt sich unter anderem durch die Reaktion der Auster auf etwas Zitronensaft kontrollieren. Der Muskel muss sich dann, ausgelöst durch die Säure, reflexartig zusammenziehen. Zuckt die Auster nicht, ist es gesünder, diese nicht zu essen. Wer jetzt meint, zu wissen, warum Austern stets im halben oder ganzen Dutzend serviert werden, denkt schlecht und ungerecht.

Austern

Wie isst man Austern?

Für den korrekten Genuss braucht man zwei Dinge: eine Hand und eine spezielle Austerngabel, die an einen überdimensionalen Kaffeelöffel mit Zinken erinnert. Zum Glück werden Austern stets schon geöffnet serviert. Denn wer jemals auch nur versucht hat, eine zu öffnen, weiß diesen Service aufrichtig zu schätzen. Man nimmt die Auster in die Hand und löst das Fleisch mit der Gabel von der natürlich gewachsenen Befestigung in der Schale, dem so genannten Bart. Jetzt geht's ans Würzen: Erlaubt sind vorhin erwähnter Zitronensaft, Pfeffer, nur in Amerika sind Ketchup und Tabasco in Ordnung. Die Austernschale nun zum Mund führen, leicht kippen und das Austernfleisch samt dem in der Schale befindlichen Wasser ausschlürfen. Austern essen ist eine der wenigen Gelegenheiten, wo auch in der europäischen Welt ungeniert geschlürft werden darf. Nicht zu laut bitte, aber immerhin ist es statthaft. Wer bei Tisch lieber still ist, isst das Fleisch mit der Gabel und nimmt den Schluck Austernwasser hinterher. Apropos Schlucken: Runterschlucken allein gilt nicht, zumindest ein zarter Biss auf das Fleisch sollte im Interesse des kompletten Geschmackserlebnisses schon dabei sein.

Bain-Marie

Wer oder was ist Bain-Marie?

Es handelt sich dabei um ein Wasserbad, in dem man entweder empfindliche Saucen erwärmt oder auch Speisen warm hält.

Béchamel

Ist eine Béchamel die bessere Einbrenn?

Alles nur eine Frage der Bezeichnung, die im Französischen (siehe auch die Frage zuvor) ungleich eleganter wirkt. Ob Béchamel, Einbrenn oder Mehlschwitze, für alle diese hellen Grundsaucen wird Butter geschmolzen, Mehl darin angeschwitzt und mit Milch, manchmal auch mit Suppe, aufgegossen und verkocht. Alle weiteren Zugaben wie Gewürze und Fleisch sind Ansichts-, Geschmacks- und Überlieferungssache. Ein wenig Zwiebel, Salz, Muskatnuss, eventuell auch zerdrückte

Pfefferkörner und Thymian gelten als korrekt. In den üppigen Zeiten von Meisterkoch Paul Auguste Escoffier (1846-1935) war die Béchamel das hauptsächliche Bindemittel etlicher Saucen. Von der Nouvelle Cuisine wurde diese Methode geächtet, heute darf man wieder, aber bitte nicht zu viel verwenden. Benannt ist die Béchamel nach dem Sekretär und Haushofmeister von Sonnenkönig Ludwig XIV., Marquis de Nointel Louis de Béchamel. Dieser hat die Sauce mit Sicherheit nicht erfunden, man munkelt von Plagiatsvorwürfen. Alle Thesen, wie es dazu kam, erfüllen den Tatbestand der üblen Nachrede.

Benehmen

Darf man das sprichwörtliche Haar in der Suppe suchen?

Suchen kann man ja, aber sagen Sie es niemandem, wenn Sie das Haar finden. Außer Sie sind Restaurantkritiker, aber selbst dann können Sie sich ihren Kommentar für die Drucklegung aufsparen. Bei groben Mängeln darf

und soll natürlich sofort reklamiert werden. Taktlos und überheblich ist es aber, wenn man in einem einfachen Dorfwirtshaus die Qualität der Weingläser beanstandet oder ein Referat darüber hält, dass mit Schnittlauch dekorierte Teller vor 20 Jahren modern waren. Reklamieren Sie, wenn etwas objektiv nicht in Ordnung ist, weil eine Speise beispielsweise angebrannt serviert wird. Wenn Sie allerdings zur Ansicht gelangen, dass das von Ihnen bestellte Gericht hinsichtlich der Zubereitung und Zusammenstellung der einzelnen Ingredienzien nicht harmoniert, dann ist das kein Grund, den Teller zurückzuschicken. Verbale Kritik in gemäßigter Form ist natürlich erlaubt. Speziell dann, wenn ein Mitglied der Servicecrew beim Abservieren die oft nur stereotyp gestellte Frage „Hat's geschmeckt?" stellt.

Besteck

Welches Besteck nimmt man wann?

Üppig gedeckte Tische mit regimentsartigem Besteckaufkommen lösen bei manchen Gästen verhaltene Panikattacken aus. Dabei ist doch alles ganz leicht: Man isst sich bei mehrgängigen Menüs besteckmäßig von außen nach innen. Zum finalen Dessert verwendet man dann Löffel und Gabel, die anfangs am Kopf des Tellers platziert sind. Der Start erfolgt mit Gabel und Messer für die Vorspeise, dann nehme man den Löffel für die Suppe und so weiter. Kleine Verwirrungen sind aber natürlich nicht ausgeschlossen. Zum Beispiel, wenn ein Gericht mit reichlich Sauce serviert wird und dafür neben Messer und Gabel ein spezieller Saucenlöffel – sieht aus wie eine

Kreuzung aus flachem Löffel und Fischmesser – eingedeckt wird, mit dem man bequem die Sauce löffeln kann. In guten Restaurants überwachen aufmerksame Servicemitarbeiter peinlich genau, dass bei Tisch möglichst nichts fehlt. Vielfach sind die Tische bereits mit Standardbestecken gedeckt, die dann von den Kellnern je nach Bestellung ausgetauscht werden.

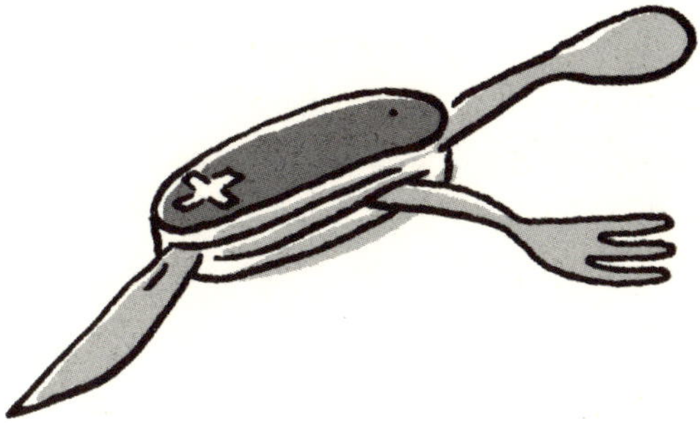

Besteck

Wie lege ich das Besteck auf den Teller, wenn ich zwischendurch etwas trinke oder den Tisch verlasse?

Legen Sie Messer und Gabel aus Ihrer Sicht umgekehrt v-förmig auf den Teller. Keinesfalls sollten die Spitzen des Bestecks am Tellerrand aufliegen und sich die Griffe am Tisch befinden. Aus dieser Position heraus kann das Besteck leicht abrutschen und Tischtuch oder Kleidung verschmutzen. Um dem Service zu signalisieren, dass man mit dem Essen fertig ist, legt man das jeweilige Besteck parallel auf den Teller, die Griffe zeigen korrekterweise in die 5-Uhr-Position.

Blumen

Manchmal werden auf dem Teller Blumenblüten angerichtet. Kann man diese essen?

Ja. Die Chinesen haben das schon vor einigen tausend Jahren gemacht, und auch die Römer aßen mit großer Leidenschaft allerlei bunte Pflanzenbestandteile wie etwa Rosenblätter. Die aromatischen Rosen sind auch heute noch erste Wahl, wenn es um das Verspeisen von Blumen geht. Falls Sie daran denken, daheim Blumen zu servieren, teilen Sie dies bitte unbedingt beim Einkauf mit. Man wird Ihnen wahrscheinlich raten, dass die handelsüblichen Blumen dafür nicht geeignet sind, weil sie ziemlich stark mit Pestiziden besprüht wurden.

Bouillabaisse

Wie isst man eine Bouillabaisse?

Im Normalfall verspeist man die traditionelle Fischsuppe mit dem Löffel. Zwischendurch tunkt man ein wenig geröstetes Baguette in die Suppe. Wenn eine Rouille, eine mayonnaiseartige Sauce, dazuserviert wird, dann streicht man diese mit einem kleinen Löffel auf das Brot. Schwierig wird's, wenn es die Küche gut gemeint und größere Krustentiere in die Suppe gelegt hat. Denn während größere Fischstücke problemlos mit dem Löffel zu teilen sind, erweisen sich Garnelen und Hummerstücke als zu fest für diese Methode. Bitten Sie in einer solchen Situation einen Servicemitarbeiter um Messer und Gabel.

Brot und Butter

Darf ich mir im Restaurant ein Butterbrot streichen?

In jedem besseren Restaurant und Landgasthof gehören Brot und Butter zur Grundausstattung bei Tisch. Der Brotkorb ist appetitlich gefüllt, ein Tiegel mit Butter, eventuell auch andere Aufstriche stehen bereit. Sollten Sie sich zu Tisch begeben, um zu frühstücken, dürfen Sie das Gebäck in zwei Teile schneiden, mit Butter bestreichen und genüsslich davon abbeißen. Mittags und abends – im Falle eines meist mehrgängigen Essens (oder: Menüs) – ist derlei Verhalten allerdings streng verpönt und gilt unter Gourmets als grober Fauxpas.
Bei solchen Gelegenheiten nimmt man ein Stück Brot und legt dieses auf den kleinen Teller, der auf der linken Seite jedes Gedecks platziert ist. Das Brot wird stets Stück für Stück in mundgerechter Größe abgebrochen, mit Butter bestrichen und mit der linken Hand gegessen.

Canapé

Ist ein Canapé wirklich etwas zum Essen?

Ja. Zwar ist dieses französische Wort auch die Bezeichnung für eine Couch, aber in erster Linie ist damit eine kleine Brotscheibe mit einem ebenso kleinen Belag gemeint. Letzterer sollte tunlichst pikant und hübsch anzusehen sein. Lachsröllchen, Hummerscheren, Roastbeef und Cocktailtomatenröschen gelten als Standard. In guten Häusern wird dazu Champagner gereicht. Menschen, die dann noch eine Hand frei haben, sind Naturtalente für jede Buffetform.

Carpaccio

Wer hat das Carpaccio erfunden?

Erfunden hat das Original-Carpaccio der legendäre Giuseppe Cipriani in der ebenso legendären „Harry's Bar" in Venedig im Jahr 1950. Die Mär (und auch der heutige „Harry's-Bar"-Chef Arrigo Cipriani) behauptet, dass es eine spontane Eingebung war, weil einem Stammgast, der Contessa Amalia Nani Mocenigo, vom Arzt der Genuss von gekochtem Fleisch verboten worden war. Benannt hat Cipriani seine Kreation nach dem Renaissancemaler Vittore Carpaccio, dessen Bilder der venezianische Gastronom wegen ihrer brillanten Rot- und Weißtöne ganz besonders schätzte. Das schmackhafte Geheimnis der Originalrezeptur liegt in der dazugehörigen – aus Mayonnaise, Worcestershiresauce, Milch und Zitronensaft bestehenden – Sauce. Carpaccio ist mittlerweile zum Synonym für hauchdünnen Genuss geworden. Heute werden nicht nur aus rohem Fleisch, sondern auch aus Fisch, Gemüse und Obst Carpaccio-Varianten hergestellt. Viele Kreationen sind eher zweifelhaft, manchmal auch gesundheitlich bedenklich. Merke: Salmonellen lieben Rohes über alles.

Champagner

Wie öffnet man stilgerecht eine Flasche Champagner?

Den Korken lautstark knallen zu lassen und damit womöglich den Kronleuchter zum Schwanken zu bringen ist nur bei Polterabenden oder anderen Klamaukveranstaltungen wie etwa Grand-Prix-Siegesfeiern akzeptabel. In allen anderen Fällen hat das Öffnen der Flasche möglichst leise und unspektakulär vonstatten zu gehen. Also das Drahtkörbchen durch Drehen am Verschluss entfernen. Die Flasche schräg halten, den Korken am besten mit einem Tuch festhalten und langsam aufdrehen, manche empfehlen auch das Drehen der Flasche. Formvollendet durchgeführt, ist beim Entfernen des Korkens nur ein kaum vernehmbares Zischen der entweichenden Kohlensäure zu hören. Wer die Flasche vor dem Öffnen schüttelt, darf zu Recht als Knallkopf bezeichnet werden.

Champagner

Warum perlt Champagner (oder Sekt) in manchen Gläsern nicht?

Immer davon ausgehend, dass der Schaumwein in Ordnung ist, bleiben zwei mögliche Erklärungen: Minimale Spülmittelreste im Glas haben den Perlen den Garaus gemacht. Oder das Glas hat keinen Moussier-Punkt eingeschliffen. Für diesen Zweck rauen die Glashersteller den Boden der Glasinnenseite optisch unmerklich auf. An der porösen Stelle kann sich das sehenswerte Perlenspektakel optimal entfalten.

Chili

Was hilft gegen die Schärfe von Chili?

Auf keinen Fall sollte man dem natürlichen Reflex nachkommen und einen Schluck Wasser trinken, denn dadurch wird alles nur noch schlimmer, weil das für die Schärfe verantwortliche Capsaicin dadurch nur noch besser auf den Mundschleimhäuten verteilt wird. Capsaicin ist ziemlich beständig und kann weder durch Kochen noch durch Einfrieren zerstört werden. Milchfett (z. B. Joghurt und Milch) oder Alkohol lösen den höllisch scharfen Stoff zuverlässig auf. Die bei uns verwendeten Paprika wurden so gezüchtet, dass sie kein Capsaicin enthalten. Andere Sorten wie der berühmt-berüchtigte mexikanische Habanero-Chili enthalten so viel Capsaicin, dass für empfindliche Gaumen der pure Genuss praktisch unerträglich ist und es zu verbrennungsähnlichen Irritationen kommen kann. Auch Reis oder Brot verschafft dem von Chili gepeinigten Gaumen etwas Linderung.

Cocktail

Soll man die mit einem Cocktail-Drink servierten Früchte essen oder dienen diese lediglich der Dekoration?

Eigentlich sind nur jene Früchte zum Verzehr gedacht, die auf einem Spieß im Glas serviert werden. Ausnahme von der Regel ist die Olive im Martini und die häufig anzutreffende Cocktailkirsche. Beide sollte man mit einem Zahnstocher herausfischen und essen. An den Glasrand gesteckte Orangenscheiben auszulutschen wirkt nicht sonderlich manierlich, außerdem kleben dann die Finger. Wenn Sie es trotzdem tun, fragen Sie sich bald, wohin mit der Schale. Die landet wieder im Glas. Abschließend bleibt festzustellen: Ein Cocktail ist ein Drink und kein Obstsalat.

Crêpes

Sind Crêpes die feineren Palatschinken?

In der Regel schon, denn Crêpes werden hauchdünn gebacken, während die bodenständige Palatschinke auch ein weniger dicker sein darf, obwohl ihr das im Grunde nicht gut ansteht. Schließlich interessiert ja die Fülle und nicht der Teig.

Curry

Wo wächst Curry?

Wenn man es genau nimmt, auf vielen verschiedenen Sträuchern, die gerne und oft in Indien stehen. Curry ist kein eigenes Gewürz, sondern eine Gewürzmischung. Fast immer dabei sind Pfeffer, Paprika, Kardamom, Gewürznelken, Ingwer, Koriander, Kreuzkümmel, Muskatnuss, Piment, Zimt und Kurkuma. In indischen Haushalten wird Currygewürz gerne individuell zusammengestellt und heißt dort korrekterweise Masala. Es kann ein Pulver, aber auch eine Paste sein. Mit der Bezeichnung Curry meint man in Indien hingegen eine Art würziges Eintopfgericht aus Fleisch, Fisch oder Gemüse, abgeschmeckt mit einer individuellen Gewürzmischung und mit Joghurt oder Kokosmilch abgerundet.

Eis

Wie kommt man zu perfekten Eiswürfeln?

Eiswürfel sollten klar und nicht trüb sein. Am schönsten gelingen sie in speziellen Eiswürfelmaschinen, wie sie auch in überkomplett ausgestatteten Luxus-Kühlschränken für den Privathaushalt zu finden sind. Manche schwören darauf, die Würfel während der Gefrierphase immer wieder zu bewegen. Nehmen Sie immer nur so viele Eiswürfel aus dem Gefrierer, wie Sie gerade benötigen (Idealtemperatur – 4 Grad). Für manche Cocktails braucht man gestoßenes Eis. Man kann dies entweder mit speziellen mechanischen oder elektrischen Geräten herstellen. Am einfachsten geht es allerdings so: einige Eiswürfel in ein Tuch einwickeln und mit dem Boden einer schweren Pfanne zerkleinern.

Ente

Können Flugenten fliegen?

Sie könnten vielleicht fliegen, wenn man sie ließe. Allerdings werden Enten nicht wegen der Fliegerei, sondern wegen des Verzehrs gezüchtet. Flugenten stehen hoch im Kurs, weil sie saftig schmecken und ihr Brustanteil recht ansehnlich ist. Das macht auch die Barbarie-Ente so beliebt, die im großen Stil gezüchtet wird und im besten Fall immer noch ein ganz klein wenig wild schmeckt. Wer im Restaurant auf Enten fliegt, sollte tunlichst diese Züchtung aus europäischer Hausente und afrikanischer Wildente wählen. Barbarisch ist an dieser Ente eigentlich nichts. Der Name rührt von der Tatsache, dass die Rassenahnen bis heute im Jagdgebiet der Berber herumfliegen und dort traditionelles Grundnahrungsmittel sind. Barbarisch mutet hingegen der Tod der so genannten Blutente an: Das Tier wird nämlich nicht geschlachtet, sondern erstickt. Das Blut bleibt im Körper und macht das Fleisch angeblich besonders delikat.

Essig

Wozu wird Essig in Flaschen mit einem Sprühkopf abgefüllt?

So können Sie viel besser dosieren und den Essig punktgenau auf die jeweilige Zutat lenken. Das Fruchtaroma tritt bei dieser Methode eindrucksvoll in den Vordergrund, während die Säure fast verschwindet. Der Vorteil: Salat kann so ganz gleichmäßig mariniert werden. Aber auch gebratenes Fleisch oder Fisch erhalten eine völlig neue Geschmacksdimension. Experimentierfreudige versuchen sich auch an Obst, Käse und diversen Desserts.

Fingerfood

Was darf man mit den Fingern essen?

Mehr, als man aufs Erste vielleicht denkt. Auf jeden Fall Brot, Trauben, einzelne Erdbeeren sowie noch einige andere Obstsorten, bei denen der Umgang mit Messer und Gabel ganz einfach zu kompliziert wäre. Bei Fleischspeisen sollte man vielleicht Art und Klasse des Restaurants berücksichtigen, bevor man nach Lust und Laune Hühnerteile oder auch herausgeputzte Lammkotelettknochen genüsslich abnagt. Berühmt-berüchtigte „Fingerfood"-Gerichte sind Schalentiere wie Krebse und Hummer, als eher kompliziert erscheinen dem Restaurantnovizen auch Austern und Artischocken. Mehr dazu unter dem jeweiligen Stichwort. Sicherstes Indiz für die erlaubte Handarbeit: Eine zusätzliche Serviette und eine Schale Wasser am Tisch signalisieren eindeutig, dass man manuell ans Werk gehen darf und soll.

Fingerschale

Womit reinigt man die Finger, wenn man diese zum Essen benutzt?

Die Serviette liegt nahe, ist aber für diesen Zweck nicht die korrekte Lösung. Denn links vom Teller sollte ein Schale Wasser stehen. Darin schwimmt eventuell eine Zitronenscheibe oder ein Blütenblatt. Beides ist nicht zum Verzehr gedacht, sondern soll das Wasser parfümieren, in dem Sie Ihre „Schmutzfinger" säubern. Unmittelbar neben dem Minibassin finden Sie dann auch noch ein Tuch zum Abtrocknen. Und wenn nicht, dann hätten Sie vielleicht doch Messer und Gabel benutzen sollen.

Fisch

Angeblich haben Fische oft Würmer. Kann man sie trotzdem essen?

Ja. Leider sind die meisten Meeresfische von Nematoden, kleinen Fadenwürmern, befallen. Meistens befinden sie sich in den Innereien, die ohnehin entfernt werden. Manchmal finden die Parasiten aber auch den Weg ins Muskelfleisch, was – korrekte Garung vorausgesetzt – im Grunde mehr eklig als gesundheitsschädlich ist. Fischhändler, die solche Filets verkaufen, verdienen allerdings, diese schallend auf die Ohren retourniert zu bekommen.

Fisch

Was ist damit gemeint, wenn ein Fisch „grundelt"?

Süßwasserfische wie Karpfen oder Waller halten sich zu Lebzeiten vor allem am Boden von Teichen und Flüssen auf. Wenn die Fische vor dem Verzehr nicht einige Wochen in frischem Wasser gehalten werden, kann man deren erdnahe Vorliebe durch einen muffig-erdigen Geschmack, eben das „Grundeln", leicht nachvollziehen. Mit Bodenständigkeit in der regionalen Küche hat dieses, im besseren Restaurant durchaus reklamationswürdige Aroma allerdings gar nichts zu tun.

Fischbesteck

Worin liegt der Sinn eines Fischbestecks?

Das klassische Fischbesteck besteht aus einer breiten, kurzen Gabel und einem stumpfen, leicht abgeschrägten Messer, mit dem man allerdings nicht schneiden kann. Und so stellt sich natürlich die Frage, wozu es dann eigentlich da ist. Die Antwort: damit eventuell noch vorhandene Gräten durch das Zerschneiden mit einem scharfen Messer nicht noch gefährlicher und tückischer werden. Mit dem stumpfen Fischmesser wird der Fisch nur vorsichtig zerteilt, was die Auffindung von Gräten wesentlich erleichtert. Linkshänder klagen stets vergeblich darüber, dass das Fischmesser für sie unbrauchbar ist.

Fischfang

Warum werden manche Meeresfische um das Doppelte und Dreifache des üblichen Preises verkauft?

Ziemlich sicher handelt es sich dabei um wild lebende Fische, die im Vergleich zu gezüchteten Fischen eine andere Geschmacksklasse darstellen. Der Qualitätsraster funktioniert ungefähr so: Nur kleine Fischerboote, die mittags mit dem Tagesfang in den Hafen zurückkehren, liefern gute Ware. Fischen mit Schleppnetzen ist für Top-Qualität verpönt. Der beste Fisch wird traditionell mit

Angelhaken aus dem Meer geholt, in kleine, fünf bis zehn Kilogramm schwere Kisten verpackt, damit das edle Produkt nicht Druckstellen durch das Eigengewicht abbekommt.

Fischgräte

Wie entfernt man die Fischgräte am elegantesten aus dem Mund?

Ausspucken ist nicht, und auch die Finger sollten nur in Notfällen zum Einsatz kommen. Formvollendet geht es so: Schieben Sie die Gräte mit der Zunge vorsichtig auf die Lippen. Von den Lippen wird die Gräte auf die Gabel oder das Fischmesser transferiert und danach auf den Tellerrand abgestreift. – In Notfällen oder auch bei unangenehmen Grätenlagen ist klarerweise Handarbeit angebracht.

Fischsauce

Ist in asiatischen Fischsaucen tatsächlich Fisch enthalten?

Ja, allerdings ist er nicht mehr sehr frisch. Gegner der zugegebenermaßen etwas gewöhnungsbedürftig riechenden Fischsaucen verbreiten ungerechtfertigterweise die Geschichte von Fischen, die monatelang in Behältern liegen, ehe sie zu Sauce verarbeitet werden. Man kann das ungleich eleganter auch Fermentation nennen, die so vor sich geht: Fisch, zumeist sind es Sardellen, wird zerkleinert, eingesalzen, eventuell getrocknet und dann in luftdichten Behältnissen vergoren. Das Ergebnis reift einige Monate, ehe es in Flaschen gefüllt wird. Mit Knoblauch, Limettensaft oder auch Chili verrührt, ist Fischsauce ein durchaus schmackhafter Dip. Bei der Gelegenheit: Ja, die asiatische Austernsauce wird tatsächlich aus Austern hergestellt.

Fischvergiftung

Wie gefährlich ist nicht mehr ganz frischer Fisch?

Ziemlich gefährlich. Wirklich verdorbenen Fisch isst ohnehin niemand, dessen Geruchssinn noch am Leben ist. Verdorbener Fisch riecht dermaßen widerlich, dass eine weitere Verwendung ausgeschlossen erscheint. Gefährlicher sind da schon Verdauungsirritationen, die durch von Algen befallene Fische und Meeresfrüchte ausgelöst werden. Gefürchtet ist der bakterielle Befall wie etwa Salmonellen. Andere Bakterien lösen gar Histaminvergiftungen aus. Ein gesunder Mensch kann all diese gesundheitlichen Attentate auf unangenehme Weise überleben. Für Menschen mit angegriffenem Immunsystem hingegen kann Lebensgefahr bestehen. Wie essenziell frischer Fisch ist, beweist der tragische Fall des großen Vatel, seines Zeichens Küchenchef Ludwigs XIV. Vatel war über das Ausbleiben eines Transports frischer Seefische derart verzweifelt, dass es ihn an einem düsteren Tag des Jahres 1674 in das eigene Küchenmesser trieb. Wir wagen besser nicht darüber zu spekulieren, zu welchen Taten große Küchenchefs heutzutage beim Stromausfall im Stande wären.

Fischzucht

Was ist eine Aquafarm?

Eine beinahe niedliche Bezeichnung für große, im Meeresboden verankerte Käfige, voll mit Lachs, Goldbrassen oder Wolfsbarsch. Weil die Weltmeere, die europäischen Gewässer ganz speziell, zunehmend leer gefischt sind, sprießen derartige Gittercontainer an den spanischen, schottischen und skandinavischen Küsten. Die enge Käfighaltung sowie Kraftfutter mit Zusätzen wie Antibiotika gegen Krankheiten sorgen immer wieder für Probleme. Mit der Illusion von glücklichen Fischen hat dies ungefähr so viel zu tun wie eine durchschnittliche Garnelenzucht in Asien.

Fisch und Wein

Passt nur Weißwein zu Fischgerichten?

Je nach Würze, Beilage und Sauce darf es genauso gut ein Rosé oder auch ein Rotwein sein. Wenn ein Fischgericht mit einer Rotweinsauce serviert wird, dann darf man dazu auch einen Roten trinken. Umgekehrt kann so mancher kräftige Weißwein ein zart-aromatisches Fischgericht unschicklich übertönen. Nur eine populäre, schon sprichwörtliche Regel ist in jedem Fall zu bejahen: Fisch muss schwimmen.

Fleisch

Was kann der Grund dafür sein, dass Fleisch manchmal total langweilig schmeckt?

Von mangelnder Würze einmal abgesehen, gibt es eine Erklärung für dieses Phänomen, das vor allem bei Schweinefleisch vorkommt. Es handelt sich dann aller Wahrscheinlichkeit nach um so genanntes PSE-Fleisch, das blass (pale), weich (soft) und wässrig (exudative) ist. Der Grund dafür ist in der Methodik des Transports und der Schlachtung der stressanfälligen Tiere zu suchen. Sie schütten dann Stresshormone aus, die den Zerfall des im Fleisch enthaltenen Eiweißes beschleunigen. In der Folge kann das ebenfalls enthaltene Wasser nicht gebunden werden, und das Fleisch schmeckt fad und trocken.

Froschschenkel

Wie schmecken Froschschenkel?

So wie Hühnerfleisch, nur etwas fester im Biss. Das Verspeisen funktioniert ohne Handarbeit nur unbefriedigend.

In einigen Ländern, darunter auch Österreich, war nicht nur die Jagd auf Frösche, sondern auch Handel und Verzehr der Beinchen verboten. Durch das Verkehrsrecht in der EU war dies nicht länger aufrechtzuerhalten, was den Unmut der Tierschützer erregte. Die Proteste haben Wirkung gezeigt. Nur in wenigen Restaurants werden die muskulösen Amphibienteile angeboten, zumeist paniert oder auch geschmort in einer provenzalischen Sauce mit Tomaten und Kräutern. Je nach Froschart haben die Schenkel beinahe schon das Format kleiner Hühnerkeulen. Wohl nicht zuletzt deshalb bezeichnet man die Quaker in China auch als Ackerhühner. Wilde Exemplare kommen ohnehin nicht in die Küche. Vielmehr werden die Frösche auf speziellen Farmen gezüchtet. Skurrilerweise befindet sich eine der größten Farmen Europas in Albanien. Während man früher im Interesse größtmöglicher Zartheit des Fleisches den bedauernswerten Tieren die Schenkel bei lebendigem Leib abgetrennt hat, geht es heutzutage zivilisierter zu. Das wohl abgehobenste Froschschenkelrezept stammt von Auguste Escoffier. Für die Nymphes à l'Aurora lässt man Froschschenkel im Weißweinsud garen, erkalten und färbt sie mit Paprika rot ein. Hernach werden die Beinchen in klares Champagnergelee gegossen, mit Estragon und Kerbel garniert (die Kräuter sollen laut Rezeptur Wasserpflanzen imitieren) und auf einem gemeißelten Eisblock serviert. Bizarrer kann Kochkunst kaum sein.

Garnelen

Wie isst man ganze Garnelen?

Einmal mehr geht's nur mit der Hand. Mit einer beherzten Drehbewegung löst man den Kopf vom Schwanz und zieht dabei gleichzeitig das Fleisch aus dem Panzer heraus. Wenn man Pech hat, bleibt das Fleisch im Schwanz, dann hilft nur Nachstochern mit der Gabel. Abseits der Erlebnisgastronomie wird man Ihnen die Garnelen bereits geschält oder fast ausgelöst servieren. Gerne wird das flossenartige Schwanzende drangelassen, man kann es ganz leicht mithilfe des Bestecks ablösen.

Gelee

Woraus besteht das Geliermittel Agar-Agar?

Aus verschiedenen getrockneten Meeresalgen. Im Gegensatz zur BSE-verdächtigen Gelatine kann das Algenpulver auch Ananas und Kiwi festigen. Diese Früchte haben ein spezielles Enzym, das tierische Gelatine auflöst.

Geschmack

Stimmt es, dass man auf den verschiedenen Zonen der Zunge Dinge unterschiedlich schmeckt?

Ja. An der Zungenspitze schmecken wir süß, an den Rändern sauer, im vorderen Bereich salzig, weiter hinten bitter. Diesen Umstand machen sich vor allem die Erzeuger von Gläsern zunutze, indem sie beispielsweise Weingläser so formen, dass der Wein auf die entsprechende Zungenregion gespült wird. Schmecken allein ist aber nicht alles, denn ohne Geruchssinn wären wir arm dran. Erst das Zusammenwirken beider Sinne ermöglicht die Wahrnehmung von bis zu 4000 verschiedenen Geruchs- und Geschmacksempfindungen.

Geschmack

Isst das Auge wirklich mit?

Nein, wie soll das anatomisch auch gehen? Trotzdem hat die Optik großen Einfluss auf unsere Geschmackswelt. Nicht zuletzt deshalb reflektieren wir alle auf knusprigen Braten, knackigen Salat und schön arrangierte Speisen. Probieren Sie einmal, mit verbundenen Augen Rotwein, Weißwein und Roséwein auseinander zu halten. Sie werden über Ihre plötzliche Ratlosigkeit verblüfft sein.

Gläser

Muss man Gläser unbedingt am Stiel anfassen?

Ja. Das hat zum einen den ästhetischen Grund, dass der Glaskelch dadurch nicht mit unschönen Fingerabdrücken übersät wird. Der praktische Grund liegt in der Tatsache, dass die Hand am Kelch den Inhalt zu stark erwärmt.

Gourmetkritik

Stimmt es, dass Restaurantkritiker überall gratis essen?

Zumindest nicht jene, die ihren Beruf ernst nehmen. Kein auf seinen Ruf bedachter Restaurantkritiker wird sich auf diese plumpe Weise mundtot machen lassen. Genau betrachtet, muss man das Genre der Gastronomiekritiker in drei Gruppen einteilen. Da sind jene ewig hungrigen Journalisten, die gerne viel essen, Qualität mit

Quantität verwechseln und sich bei Gastronomen mitunter sogar schamlos selbst einladen. Mit seriöser Kritik hat das nichts zu tun, vielmehr ist das im besten Fall schlecht gemachte PR-Arbeit. In der Öffentlichkeit am bekanntesten sind die ausgewiesenen, regelmäßig in Tageszeitungen und Magazinen publizierenden Restaurantkritiker. Sie erhalten die Kosten des Restaurantbesuches von ihrem Verlag ersetzt. Durch Kolumnenfotos oder andere Anlässe sind sie auch optisch bekannt, was mitunter zu Spekulationen führt, dass Kritiker automatisch das Nonplusultra serviert bekommen. Wenn es nur so einfach wäre: Kein Koch kocht absichtlich schlecht, ergo kocht er auch nicht für einen einzelnen Gast plötzlich um Klassen besser. Die zahlenmäßig vielleicht größte Gruppe der Restaurantkritiker zahlt ebenfalls ihre Rechnung und tritt ausschließlich anonym in Erscheinung. Diese Damen und Herren arbeiten für einen der jährlich erscheinenden Restaurantguides und liefern bei ihrem Verlag von jedem Restaurantbesuch ein detailliertes Testprotokoll ab.

Gourmetkritik

Kann man einen Restaurantbesuch überhaupt nach objektiven Kriterien bewerten?

Man kann, gleichwohl Gourmetkritik nie zu 100 Prozent objektiv sein kann. Intelligente Gourmetkritik beinhaltet in der Regel nicht analytische, sondern auch persönlich gefärbte, hedonistische Meinungen. Analytisch beschreiben und bewerten kann man beispielsweise das Ambiente, die Serviceleistung, die Weinauswahl, die Beschaffenheit verwendeter Grundprodukte sowie gewisse Grundsätzlichkeiten bei der Zubereitung. Ob etwas verbrannt, übergart oder versalzen ist, lässt sich klar zuordnen und bewerten. Ob aber die Kombination aus Schweinebraten mit Zitronengras und Knödel tatsächlich geschmackvoll ist, bleibt diskutabel. Über Geschmack kann man eben köstlich streiten.

Grillen

Was ist der Unterschied zwischen Grillen und Barbecue?

Grillen ist die älteste Garmethode überhaupt. Mit dem Rösten von Fleisch über offenem Feuer begann der Mensch, als er in der Lage war, ein Feuer zu entfachen. Vorzugsweise tun dies richtige Männer in freier Natur. An der Beliebtheit dieses Prinzips – Garen durch Strahlungshitze – hat sich bis heute nichts geändert. Um es kurz zu sagen: Grillen ist also vergleichsweise banal, indem man auf eher urtümliche Art ein Stück Fleisch oder Fisch zubereitet. Barbecue hingegen ist ein ziemlich hoch technisiertes Grillgelage nach amerikanischem Vorbild, das die Zubereitung von möglichst vielen Beilagen und Saucen inkludiert. – Grillen, bis sich sinnbildlich der Rost biegt. Siehe auch unnötige Waldbrände in der zivilisierten Welt.

Große Köche

Wer ist der größte Koch aller Zeiten?

Derartige Fragen fordern ein Wenn und Aber geradezu heraus, trotzdem ist die Antwort ziemlich klar: Auguste Escoffier. Mit Kompetenz, Fleiß und sicherem Instinkt revolutionierte Escoffier wie kein anderer die Esskultur. Der 1846 in der Nähe von Nizza geborene Koch schuf erstmals intelligent aneinander gereihte Speisenfolgen. Bis dahin wurden alle Speisen gleichzeitig aufgetragen, um dann auf den sich biegenden Tischen zu erkalten. Escoffier erstellte neue, bis heute gültige Organisationsformen für die Arbeitsabläufe in der Küche, standardisierte Saucen, Fonds und Essenzen. Escoffiers wichtigste Karriere-Stationen waren die Küchen im „Savoy“ und im „Carlton“ in London, und gemeinsam mit César Ritz führte er auch Grand Hotels in Monte Carlo, Rom und Paris. Mit der Person Escoffiers wandelte sich Anfang des 20. Jahrhunderts das Erscheinungsbild und Image des Koches, der erstmals den Aufstieg in die feine Gesellschaft schaffte. Bis dahin hatte die Küche als eine Art geächteter Raum im Keller gegolten. Köche starben damals in der Regel mit Anfang Vierzig auf Grund der katastrophalen Arbeitsbedingungen. Der noch heute gültige Ruhm ist vor allem in der Tatsache begründet, dass Escoffier wie kaum ein anderer sein Wissen in Buchform dokumentierte. Nach übereinstimmender Meinung maßgeblicher Küchenchefs aus aller Welt braucht man im Grunde nur ein einziges Kochbuch: Escoffiers „Kochkunstführer“, eine Art Bibel und Rezeptstandardwerk der gehobenen Kochkunst. Auguste Escoffier stand bis ins 74. Lebensjahr hinein in der Küche. Er starb am 12. Februar 1935 in Monte Carlo.

Große Küche

Haben die Franzosen die Kunst der großen Küche erfunden?

Auch wenn heute alle sprachlichen Anzeichen nach Frankreich deuten, waren es in Wahrheit wohl die Italiener. In der Zeit der Renaissance wurde am Hof der Fürsten Medici in Florenz die einfache toskanische Bauernküche beeindruckend inszeniert. Katharina und Maria von Medici heirateten nach Frankreich, wo alsbald die dortige Küche eine ungeahnte Verfeinerung erfuhr. Unter Ludwig XIV. wurden pompöse Tafeln zu einer Selbstverständlichkeit, die in Folge auch auf die einfacheren Haushalte Vorbildwirkung hatten. Im 19. Jahrhundert erblühte dann die Grande oder Haute Cuisine in den Restaurants der Grandhotels. Auguste Escoffier und Fernand Point prägten mit ihrem nicht gerade kalorienarmen Küchenstil Generationen von Köchen und Gästen, die erst viel später durch die Nouvelle Cuisine in den Genuss von knackigem Gemüse und leichten Saucen gelangten.

Hai

Was genau sind Haifischflossen?

Dabei handelt es sich um die feinen Muskelstränge aus den Bauch- und Rückenflossen von kleineren Haien. Sie werden, frisch oder getrocknet, zu Suppe, Saucen oder Gewürzextrakt verkocht. Das Fleisch des Raubfisches wird nicht umsonst meistens recht günstig angeboten. Es schmeckt und riecht in der Regel eher durchschnittlich.

Huhn

Darf man Hühnerkeulen mit den Fingern essen?

In einem urigen Gasthof ist das kein Problem. Im feinen Restaurant fällt man damit eher aus dem üblichen Verhaltensmuster. Wenn auf Geflügelbeinen eine Art Papierkrause in Form einer Kochmütze montiert ist, kann das als Signal zu erlaubter Handarbeit gewertet werden. Das adrette Papierchen dient dann als Schutz gegen schmutzige Finger, wenn man das Fleisch genüsslich vom Knochen abnagt.

Hummer

Wie isst man einen ganzen Hummer?

Werkzeugtechnisch sollte Folgendes vorhanden sein: neben Messer und Gabel eine Hummerzange für die Scheren und den Panzer sowie eine langzinkige Gabel. Absolutes Muss ist auch eine Fingerschale zwecks Reinigung. Einem im Ganzen servierten Hummer dreht man zunächst den Schwanz ab. Dieser wird an der

Unterseite mit der Schere der Länge nach aufgeschnitten und das Fleisch ausgelöst.
Weiter geht's mit den Scheren. Man stelle sich vor, wie man eine Walnuss knackt. Also die Hummerzange etwa mittig an den Scheren ansetzen und diese aufbrechen. Mit einer normalen oder der langzinkigen Gabel das Fleisch herauslösen. Danach werden die Hände in der bereitgestellten Fingerschale sauber gebadet.
Die gute Nachricht zum Schluss: Je besser das Restaurant ist, desto leichter gestaltet sich diese kulinarische Herausforderung. Ganze Kerle werden zumeist nur in urigen Strandhäusern serviert, ansonsten teilt schon die Küche den Hummer in zwei Hälften. Das Herauslösen geht dann fast von selbst. Weitere good news: Wenn Sie die Hummerübung beherrschen, sind ganze Krabben und Krebse ein Klacks.

Hummer

Schreien Hummer und Langusten, wenn man sie in das Kochwasser legt?

Stimmt nicht, Krustentiere können keinen Ton von sich geben. Was man beim Einlegen in das Kochwasser manchmal hört, ist erhitzte Luft, die aus Hohlräumen in den Beinen oder im Kopf entweicht. Notabene: Tierquälerei ist es, Krustentiere in nicht ausreichend kochendes (und dabei sprudelndes) Wasser zu legen. Viele Hobbyköche probieren die Zubereitung eines Hummers einmal daheim aus und gehen danach wieder mit gutem Grund ins Restaurant.

Hummer

Was ist beim Hummer der so genannte Corail?

So bezeichnet man die unbefruchteten Eier an der Unterseite des Schwanzes von Hummerweibchen, die intensiv rot-orange leuchten. Vielen Feinschmeckern gilt der Corail wegen seines ausgeprägt fischigen Geschmacks als besondere Spezialität. Dieses Faible ist allerdings auch schuld daran, dass der vielleicht allerbeste Hummer, jener von der französischen Bretagne-Küste, nur noch in kleinen Beständen vorhanden ist. Besser haben Kanadier und Amerikaner diese Fortpflanzungsproblematik im Griff. Dort dürfen keine Eier tragenden Weibchen gefangen werden. Kulinarisch bemerkenswerten Corail findet man auch, in der Form eines Halbmonds, bei Jakobsmuscheln.

Hummer

Was sind „Soft Shell Lobster"?

Während seines Lebens wechselt ein Hummer ziemlich oft seinen schützenden, harten Panzer, der starr ist und nicht mitwächst. In diesem „nackten“ Stadium ist er für seine natürlichen Feinde wie etwa den Kabeljau eine leichte Beute und auch Gourmets bekommen begierig glänzende Augen. Der Hummer steckt dann nur in einer elastisch wirkenden Schale – „soft shell“ eben –, die man zwar nicht essen kann, doch lässt sich der Hummer vergleichsweise spielend leicht knacken, teilen und verspeisen. Ein durchschnittlich großer Hummer mit einem Gewicht von rund 500 Gramm ist sechs bis sieben Jahre alt.

Hunde

Soll man die beabsichtigte Mitnahme eines Hundes ins Restaurant telefonisch vorankündigen?

Ja, allein schon deshalb, um sich den Ärger zu ersparen, wenn der Hund nicht hereingelassen wird. Vor allem kleiner dimensionierte Gourmetrestaurants sprechen oft ein kategorisches Hundeverbot aus. Dort, wo Hunde erlaubt sind, können die Restaurantbetreiber nicht nur einen passenden Tisch mit geräumigem Umfeld zuweisen, sondern möglicherweise auch Abstand zu einem weiteren angekündigten Vierbeiner schaffen. Dass der mitgenommene Hund sich ruhig verhält und keine possierlichen Zirkusdarbietungen vollführt, um in den Genuss der Ihnen servierten Leckerbissen zu gelangen, sollte eigentlich eine Selbstverständlichkeit sein.

Kapern

Wachsen Kapern auf Bäumen?

Die pikanten, kleinen, grünen Kapern sind die unreifen, in Salz, Essig oder Öl eingelegten Blütenknospen des Kapernstrauches. Im 18. Jahrhundert waren Kapern so kostbar, dass sich Gauner die Mühe machten, sie zu fälschen. Sie drehten ihren ahnungslosen Kunden in Essig eingelegte Blütenknospen von anderen Pflanzen an, dummerweise waren manche giftig. Am besten schmecken ganz kleine Kapern, die gerade einmal so groß wie ein Pfefferkorn sind. Diese winzigen, fest geschlossenen Kapernknospen nennt man auch „Nonpareilles". Kapern sind fast immer eingesalzen. Es ist daher eine gute Idee, wenn man sie vor dem Gebrauch gründlich wässert.

Kapern

Warum haben große Kapern einen Stängel?

Dabei handelt es sich um Kapernfrüchte, die sich aus den Blütenknospen entwickeln. In Italien nennt man sie „Capperone". Sie werden zumeist in Essig eingelegt und zieren jede bessere Antipasti-Platte.

Karotten

Angeblich sind gekochte Karotten gesünder als rohe. Das kann doch nicht wahr sein, oder?

Stimmt wirklich. Unter allen Lebensmitteln besitzen Karotten den höchsten Anteil an Beta-Carotin. Dieses Provitamin, das von der Verdauung zu Vitamin A umgewandelt wird, kann der Körper erst optimal aufnehmen, wenn gleichzeitig Fett gegessen wird. Daher macht es Sinn, wenn man Karotten stets kurz in wenig Fett andünstet. Und falls Sie Rohkost bevorzugen: Essen Sie ganz einfach Nüsse oder Joghurt dazu.

Käse

Isst man Käserinde mit oder schneidet man sie weg?

Grundsätzlich ist alles möglich und im wahrsten Sinn des Wortes Geschmackssache. Mit einer Einschränkung: Gewachste Rinden wie etwa die von Asiago oder Emmentaler sollten in jedem Fall weggeschnitten werden. Gereifte Naturrinden können durchaus verzehrt werden, wobei bei sehr reifem Weichkäse die Rinde ziemlich scharf und fast unangenehm schmecken kann - was manche Käsefreunde wiederum lieben. Man kann es auch so sehen: Im Grunde ist die Rinde nur die Verpackung des Käses.

Käse

Wie werden verschiedene Käse optimal angerichtet?

Der ideale Käseteller – es kann natürlich auch ein Brett sein – ist rund. Was drauf liegt, wird im Uhrzeigersinn stets aromatischer und pikanter. Konkret bedeutet das beispielsweise: Man beginnt mit einem milden Frischkäse, dann folgt Weiß- oder Doppelschimmelkäse, ehe man zu würzigerem Rotschmierkäse umsteigt und mit einem Blau- oder Grünschimmelkäse für ein krönendes Finale sorgt. Hart- und Schnittkäse werden in dieser Runde je nach Reifungsgrad platziert. Noch ein Nachsatz zur Floskel „Käse schließt den Magen“: Käse wird immer vor dem Dessert serviert, deshalb sind drei bis vier verschiedene Käsesorten in der Regel ausreichend.

Käse

Darf man zum Käse Butter bestellen?

Nur, wenn Sie beim Frühstück sitzen. Speziell zu edlen Weichkäsen wie Camembert, Brie oder Epoisse, die man nach dem Hauptgang verzehrt, wäre ein Butterbrot ein unverzeihlicher Fehler. Wenn schon Brot, dann Weißbrot oder Nussbrot.

Käse

Wie viel Fett hat Käse wirklich?

Gar nicht so viel, wie ein flüchtiger Blick auf ein Verpackungsetikett womöglich suggeriert. Denn dieser Wert gibt nur das Fett in der Trockenmasse des Käses an, sagt aber nichts über die tatsächliche Fettmenge aus. Der Grund: Je nach Lagerung und Alter des Käses variiert der Wassergehalt, wodurch sich auch der Fettgehalt bezogen auf das Gewicht verändert. Nur ein Beispiel, wie viel Wasser ein herkömmlicher Käse hat: Beim so trocken wirkenden Emmentaler beträgt die Trockenmasse etwa 62 Prozent. Was aber auch heißt, dass 38 Prozent des Emmentalers Wasser sind.

Kaviar

Haben die Pessimisten Recht, die davor warnen, dass es bald gar keinen Kaviar mehr geben wird?

Ja, das ist zu befürchten. Etwa 90 Prozent aller kaviarliefernden Störe leben im Kaspischen Meer. Das zwischen Russland und dem Iran gelegene Binnenmeer ist durch gnadenlose Überfischung, Umweltsünden und politische Wirren nicht gerade ein Hort der Ruhe. In den letzten Jahrzehnten gingen die Fänge dramatisch zurück. Russland ist schon längst nicht mehr Garant für Topqualität, die kommt jetzt aus dem Iran. Der Preis ist in jedem Fall fundamental(istisch) hoch.

Drei Fische muss man sich merken, wenn man beim Kaviar mitreden will. Der Beluga (zu deutsch Hausen) ist die größte, mittlerweile seltenste und gefragteste Störart. Ein älteres Beluga-Weibchen kann 500 Kilogramm und mehr wiegen, etwa zehn Prozent davon sind Kaviar. Beluga-Kaviar gilt als das Nonplusultra. Etwas günstiger sind die vergleichsweise etwas hartschaligeren Eier vom kleineren Osietra (zu deutsch Stör), die für Experten wegen des zarten Nussgeschmacks ein absoluter Preis-Leistungs-Knüller sind. Die kleinste für Kaviar relevante Störart ist der Sevruga (zu deutsch Sternhausen oder Scherg), der ziemlich kleine, dünnschalige und entsprechend empfindliche Fischeier liefert.

Kaviar

Wie wird Kaviar produziert?

Der Vorgang ist nichts für feinfühlige Romantiker. Den noch lebenden Störweibchen wird der Bauch aufgeschnitten, die Eier werden herausgelöst, sofort ge-

waschen, mild eingesalzen und konserviert. Die traditionelle Verpackungseinheit ist die 1,8-Kilo-Dose, bezahlbar nur noch für jene, die einen Geldspeicher à la Dagobert Duck besitzen. Insofern dürfte die folgende Information wohl in die Kategorie unnützes Wissen fallen. Bei einer Temperatur von zwei Grad hält sich der Kaviar in der luftdicht verschlossenen Dose für Monate frisch. Wenn man die Dose hin und wieder wendet, werden die Fischeier optimal mit ihrer eigenen Flüssigkeit benetzt. Ja, und nach dem Öffnen der Originalverpackung sollte man nicht zu lange geizig auf seinem Schatz sitzen, sondern ihn alsbald verbrauchen. – Wenn wir nur könnten, wie wir wollten ...
Notabene: Wenn Sie im besseren Supermarkt günstigen Kaviar aus Russland sehen, müssen Sie nicht unbedingt zugreifen. Es handelt sich dabei um pasteurisierte Ware, die zwecks langer Haltbarkeit im Glas auf 60 Grad erhitzt und zudem auch recht stark gesalzen wurde. Meistens steht am Deckel groß Malossol drauf, das bedeutet „gesalzen". Schmeckt nicht so toll wie neulich bei Onassis.

Kaviar

Wie wird Kaviar gegessen?

Serviert wird der Kaviar in auf Eis gebetteten Glasschüsseln. Großzügig und elegant zugleich wirkt es, gleich eine ganze 125-Gramm-Dose auf diese Weise zu präsentieren. Zum Löffeln bitte nur kleine schaufelartige Gebilde aus Horn oder Schildpatt verwenden. Alles Metallische verfälscht den edlen Geschmack auf grauenhafte Art. Auch das Rundherum sollte minimalistisch sein. Erlaubt sind Weißbrot oder Toast, Butter oder Crème fraîche, selbstverständlich auch Blini, das kleine russische Hefegebäck aus Buchweizen. Nicht akzeptabel und barbarisch ist das Beträufeln des Kaviars mit Zitronensaft. Auch der gleichzeitige Genuss von fein gehackten Zwiebeln ist dieser Kategorie zuzurechnen. Wer Hunger hat, greife zu hart gekochten Eiern oder mehligen Folienkartoffeln.

Wer der irrigen Ansicht ist, dass die Anschaffung eines so genannten Kaviarlöffels die allergrößte, weil unnötige Dekadenz darstellt, sei darauf hingewiesen, dass mit diesem Werkzeug auch das Löffeln von wachsweich gekochten Frühstückseiern uneingeschränkten Wohlgeschmack bereitet.

Kellner

Wie ruft man einen Kellner?

Am besten gar nicht, weil ein guter Kellner ohnehin Blickkontakt mit seinen Gästen hält. Mit Heben des Arms (bitte nicht winken) kann man sich dann ohne Aufsehen ganz gut bemerkbar machen. Im Idealfall reicht ein beinahe unmerklicher Fingerzeig. Nicht wenige Kellner haben es allerdings auf den Augen, dann hilft nur ein deutlich hörbares „Herr Ober". Und wie ruft man am besten weibliche Servicemitarbeiter? Vielleicht mit einem geräusperten „Verzeihung . . ."? Wer öfters „Fräulein" sagt, wirkt seltsam linkisch. Auch mit den Fingern zu schnippen oder gar Pfiffe von sich zu geben macht nicht den besten Eindruck.

Ketchup

Stammt Ketchup ursprünglich aus den USA?

Nein. Der Urahn des Ketchups kommt aus Asien. Dort bezeichnete man eine zu Brei verarbeitete Mischung aus Fischen, Muscheln und Gewürzen als „ket-tsiap".

Britische Seeleute importierten diese pikante Sauce via Singapur und Malaysia in ihre Heimat, vereinfachten den Namen zu „ketchup“ und formten auch das Rezept entsprechend um. In diesem Zusammenhang hat sich auch noch eine andere Ketchup-Legende gebildet, nämlich dass die Bezeichnung „Catchup“ auch vom englischen „to catch up“ (= auffangen) abgeleitet werden kann. – Gemeint ist, dass die Sauce das Aroma ihrer Hauptbestandteile konservierend auffängt.

Kleidungsordnung

Wie muss ich mich anziehen, wenn auf der Einladung „Abendgarderobe erwünscht“ steht?

Dann muss der Herr zwingend einen Smoking tragen, die Dame im Abendkleid, das aber auch ein eleganter Hosenanzug oder ein Abendkostüm sein darf, erscheinen.

Knödel

Darf man Knödel mit dem Messer zerschneiden?

Nur dann, wenn die Knödel so hart sind, dass sie schon bei bloßer Annäherung eines Essbestecks vom Teller springen würden. Den mustergültig locker-flaumigen Knödel hingegen, ganz gleich aus welchem Grundmaterial hergestellt, sollte man ausschließlich mit der Gabel zerteilen. Das erfolgt weniger wegen Beachtung einer Etikette, sondern vielmehr aus praktischen Erwägungen: Die so entstehende ungleichmäßige Oberfläche vermag eine Sauce besser aufzunehmen als eine glatte Struktur. Das ist auch der Grund für die Sitte, nach der man Kartoffeln nicht mit dem Messer schneiden sollte.

Knurrhahn

Kann der Knurrhahn knurren?

Ja. Der Meeresfisch trägt seinen Namen nach der eigenartigen Tatsache, dass seine Schwimmblase knurrende Geräusche erzeugt. Der Rote Knurrhahn ist durch sein festes Fleisch und seinen hohen Anteil an Karkassen ein beinahe unverzichtbarer Fisch für eine besonders gute Bouillabaisse. – Da knurrt einem doch gleich der Magen ...

Kochmütze

Welcher Koch braucht noch eine Haube?

Keiner. Zumindest kommt man zu diesem Schluss, wenn man sich in diversen Restaurantküchen umsieht.
Kaum ein Koch, der Angst davor hat, ein Haar in seiner Suppe zu verlieren. Der saloppe Umgang mit der Hygienevorschrift zieht heute maximal eine Verwaltungsstrafe nach sich, früher waren die Folgen vergleichsweise streng: Als der englische König Georg II. eine Kopflaus in seinem Essen vorfand, wurde seinen Köchen fortan der Kopf geschoren. Notabene: Erst seit der Franzose Marie Antoine Carême Anfang des 19. Jahrhunderts im Inneren der Kochmütze einen steifen Papierring montierte, erhob sich die Kochmütze aus ihrem davor recht schlaffen Dasein. Die höchsten Mützen ragen etwa 30 Zentimeter empor, sagen aber nichts über die Qualität des Essens aus.

Kohlgemüse

Ist es wahr, dass Kohlgemüse die Bildung von Krebszellen verhindern kann?

Ja. Kohlgemüse wie Wirsing und Brokkoli, aber auch Rotkraut, Kresse, Kren und Rettich enthalten bioaktive Substanzen, die im Organismus zur Bildung von Enzymen führen, die potenziell krebserregende Stoffwechselprodukte wasserlöslich machen, wodurch sie vom Körper ausgeschieden werden können. Im Tierversuch ist die Bedeutung dieser Enzyme für die Krebsvorbeugung schon seit längerem nachgewiesen. Einer Wiener Forschungsgruppe rund um Univ.-Prof. Dr. Siegfried Knasmüller ist im Jahr 2000 der schlüssige Nachweis gelungen, dass diese Gemüse beim Menschen eine für die Gesundheit günstige Wirkung erzielen. Verschiedene von der EU geförderte Forschungsprogramme beschäftigen sich nun gezielt mit der Züchtung von Anti-Krebs-Gemüsen.

Konserven

Angeblich gibt es Konservenware, die selbst für verwöhnte Gourmets eine Delikatesse darstellt. Kann das wirklich stimmen?

Na klar doch. Bonito del Norte zum Beispiel. Für die allerbesten Konserven mit weißem Tunfischfleisch werden die Fische nicht per Schleppnetz, sondern mit der Angel gefangen. In Folge werden die Fische von Hand zerkleinert, das Fleisch in Salzwasser gekocht, in Dosen eingeschlichtet und mit allerbestem Olivenöl bedeckt. Die delikatesten Stücke kommen übrigens vom fettreichen Bauchlappen. Dafür tauscht so mancher sogar Kaviar ein ...

Der Gipfel für Konservenfreaks ist aber die so genannte Jahrgangssardine. Dabei handelt es sich um möglichst perfekte, in feinstem Olivenöl eingelegte Sardinen, die angeblich ihren geschmacklichen Höhepunkt erst weit nach Überschreiten des empfohlenen Ablaufdatums erreichen. Dann sollen die Fische besonders mürb sein.

Wer hat die Konserve erfunden?

Der französische Koch und Konditor François Appert hat im Jahr 1804 entdeckt, dass Lebensmittel nicht verderben, wenn man sie in hermetisch verschlossene Behälter verpackt und erhitzt. Populär wurden Konserven aber erst im Jahr 1851 anlässlich der Weltausstellung in London. Appert präsentierte dort eine 38 Jahre zuvor mit gekochtem Gemüse gefüllte Konserve, deren Inhalt nicht verdorben war. Nach der Weltausstellung wurden Konserven bei reichen Leuten so schick, dass sie sich spezielle, ausschließlich aus Konserven gefertigte Menüs zusammenstellen ließen.

Krause Glucke

Was ist eine Krause Glucke?

Ein ziemlich köstlicher Speisepilz, der keinen Hut besitzt, sondern wie eine Mischung aus verästeltem Karfiol (Blumenkohl) und Meeresschwamm aussieht. Krause Glucke hat einen ziemlich würzigen Geschmack, große Exemplare können sogar einige Kilogramm wiegen.

Küchenbrigade

Who's who am Herd?

Im Restaurant zu kochen ist letztlich Teamarbeit. Kein noch so genialer Küchenchef kann schließlich alles allein erledigen. Während vor einigen Jahrzehnten noch ausschließlich Männer am Werk waren, finden sich in manchen Küchenbrigaden nun auch vereinzelt Frauen. Selbst anfangs zweifelnde Herdmachos bestätigen, dass dies allein schon wegen des daraus veränderten Umgangstones innerhalb der Truppe von Vorteil ist.
Chef de cuisine: Der hauptverantwortliche Chefkoch. Er

ist neben dem Einkauf der Produkte auch für Kalkulation und Komposition der Gerichte verantwortlich. Je nach Größe des Restaurants kocht der Chef noch tatsächlich selbst, manchmal beschränkt sich der Tätigkeitsbereich auf die Küchenorganisation.

Sous-Chef: Stellvertreter des Chefkochs, der im Idealfall so gut ist, dass man die Absenz des Chefs gar nicht bemerkt.

Saucier: Nicht nur für die Saucen, sondern eigentlich für die Endfertigung sämtlicher in der Pfanne zubereiteten Gerichte zuständig.

Rôtisseur: Verantwortlich für alle großen Braten und sonstige Stücke, die über dem Feuer und im heißen Öl „rotieren".

Poissonnier: Zuständig für alle Fisch- und Meeresfrüchtegerichte. Ein Arbeitsbereich, der heute oft mit einer anderen Station kombiniert wird.

Entremetier: Verantwortlich für Gemüse und Beilagen, aber auch für einen Teil des Vorspeisenprogramms wie etwa Suppen.

Gardemanger: Bei ihm bleibt die Küche kalt, denn er bereitet die diversen Rohzutaten für die anderen Stationen vor. Auch kalte Vorspeisen, Canapés sowie Buffetgerichte fallen in sein Revier.

Patissier: Der Solist im Küchenteam, denn er kümmert sich um die Süßspeisen, was nicht nur eine völlig andere Arbeitsweise bedingt, sondern auch eine gewisse Zeitverschiebung im Arbeitsrhythmus mit sich bringt.

Küchensprache

Was bedeutet eigentlich Braisieren?

Damit bezeichnet man in der Küchenfachsprache die Garung von Gemüse oder Fleisch in fettem Fleischsaft oder in einer kräftigen Suppe. Eine Garmethode, die im Idealfall zwischen Schmoren und Braten liegt.

Was tun Köche, wenn sie etwas blondieren?

Nein, sie geben keinen Wasserstoff in die Speise, sie hellen auch nicht ein Gericht künstlich auf. Mit Blondieren bezeichnet man das Anschwitzen von Zwiebeln oder Mehl in Butter.

Was bedeutet „mise en place"?

Ordnung ist in der Profiküche schon der halbe Sieg und mit diesem Begriff ist die Anordnung aller für ein Gericht notwendigen Arbeitsgeräte und Zutaten gemeint. Wie heißt es so schön: Der kreative Zufall bevorzugt den vorbereiteten Geist.

Was meinen Köche mit Parfümieren?

Dann verleihen sie einer Speise mit ein wenig Wein, Essig, Schnaps oder einer anderen Essenz einen aromatischen Geruch und Geschmack. Seit es im Lebensmittelfachhandel Sprüher für Essig und Öl gibt, kann man den Begriff auch im Wortsinn bei Tisch umsetzen.

Was geschieht, wenn man eine Creme „zur Rose abzieht"?

Dabei wird eine Creme (meistens auf Milch- oder Obersbasis) bis etwa zum Siedepunkt erhitzt und durch das Einrühren von Eidotter eingedickt. Wenn man dann einen Löffel eintaucht, diesen wieder herausnimmt und senkrecht hält, sollten sich auf der Löffelrückseite rosenartige Muster bilden.

Kugelfisch

Was macht den Kult rund um den Kugelfisch aus?

Scheinbar ist der Wille zum einzigartigen Genuss stärker als die Angst vor dem Tod. Anders ist es nicht zu erklären, dass in Japan der Kugelfisch (auch Fugu genannt) als die erlesenste aller Spezialitäten gilt. Der Geschmack des Fisches kann es nicht sein, der die Japaner jeden Winter in spezielle Fugu-Restaurants zieht. Dort zerlegen speziell ausgebildete Köche die Fische, deren Eingeweide (besonders Leber und Eierstöcke) das mörderische Gift Tetrodotoxin enthalten. Das Gesetz schreibt den Köchen, die unter staatlicher Aufsicht stehen, etwa 30 exakt definierte Schritte (besser gesagt: Schnitte) beim Zerlegen eines Kugelfisches vor, für die auch ein versierter Mann mehr als 15 Minuten benötigt. Schon ein bis zwei Milligramm des Gifts sind für den Menschen tödlich. Tetrodotoxin ist etwa 250-mal tödlicher als dieselbe Menge Zyanid. Fleisch und Haut enthalten vergleichsweise verträglich wenig dieser Substanz, die beim Menschen im schlimmsten Fall augenblicklich den Sauerstoffaustausch blockiert. Es gibt kein Gegengift. Für gewöhnlich wird Kugelfisch roh, als Sashimi, mit verschiedenen Dip-Saucen serviert. Das dünn geschnittene Fleisch ist durchsichtig und enthält kein Fett. Besonders reizvoll wird beim Verspeisen die Tatsache empfunden, dass die kleine Dosis Gift gerade einmal die Zungenspitze oder andere Stellen der Mundschleimhaut ganz leicht lähmt. Für viele Japaner und immer mehr Touristen ist dies der ultimative Kick, der ihnen eine stattliche Summe Geld wert ist. Dass jeden Winter, in der klassischen Fugu-Saison, zumindest eine Hand voll Menschen stirbt, wird als Schicksalsfügung akzeptiert. Noch mehr Menschen überleben das Verspeisen eines Kugelfisches nicht, weil sie ihn gar nicht als solchen identifiziert haben. Kugelrund ist der Fisch übrigens nur, wenn er sich aufpumpt, um so potenzielle Angreifer zu verjagen. Der Handel mit Kugelfisch ist ein Riesengeschäft. In Japan werden die Fische sogar schon mit Hilfe künstlicher Befruchtung vermehrt.

Mahlzeit

Muss man den ersten Gang oder das Amuse gueule mit einem „Mahlzeit“ oder „guten Appetit“ quittieren?

Selbstverständlich ist es individuelle Geschmackssache, aber derlei ist eigentlich nur im ländlichen bzw. familiären Kreis passend. Denn was hat dann auf diese Wunschformel zu folgen, wo doch schon das Tischgespräch im Gang ist? Konzentriertes Schweigen auf das Essen? Eleganter erscheint da schon das Erheben des Glases samt einem kurzen Toast. Der an Arbeitsstätten zwischen 10 Uhr 30 und 14 Uhr übliche „Mahlzeit“-Gruß zählt zu den gängigsten Geschmacklosigkeiten unserer Zeit. Es ist nur gerecht, dass die „Mahlzeit“-Grüßer in der Kantine mit entsprechenden Hervorbringungen bedacht werden.

Mandeln

Stimmt es, dass Mandeln Gift enthalten?

Bittermandeln enthalten einen geringen Anteil Blausäure und sind daher – im Gegensatz zu den so genannten Süßmandeln – nicht zum Rohgenuss geeignet. Man müsste allerdings 60 Stück dieser enorm bitteren Mandeln essen, ehe mit Vergiftungserscheinungen zu rechnen wäre. Bittermandeln werden vor allem zum Aromatisieren von Lebensmitteln benutzt. Durch Kochen oder Rösten verschwindet die Blausäure komplett. Notabene: Mandeln sind der Samenkern des Mandelbaumes, im botanischen Sinn also keine Nüsse, sondern Steinobst.

Menü

Wie viele Gänge hat ein Menü mindestens?

Drei Gänge sind das Minimum, das eine kalte oder warme Vorspeise bzw. Suppe sowie Hauptspeise und Dessert umfasst. Das klassische große Menü startet mit einer kalten und/oder warmen Vorspeise. Danach werden Suppe, Fischgang, Fleischgang, Käse und Dessert serviert. Zwischen Fisch und Fleisch oder auch vor dem Käse reichen Küchenchefs gerne ein Sorbet zur Erfrischung des Gaumens. Im Idealfall ist die vorgeschlagene Speisenfolge das aktuelle „Best of" der Küche und aus frischen Saisonzutaten hergestellt. In einem Menü sollten sich weder Grundprodukte noch Zubereitungsarten, Farben und Formen wiederholen. Wie bei allen Regeln gibt es aber auch dabei Ausnahmen. So bieten immer mehr Restaurants Variationen eines Produktes an (z. B. Dreierlei vom Saibling), über das sie dank besonderer

Kontakte zu Produzenten in exemplarisch guter Qualität verfügen. In mediterran orientierten Häusern wird der Fischgang mitunter auch durch ein Pastagericht ersetzt.

Menü

Was spricht dafür, ein Menü zu bestellen?

Im Normalfall ist das große Degustationsmenü in einem Restaurant die Visitenkarte der Küche. Wer dieses bestellt, erweist sich dem Service gegenüber als verständiger Gast. Eventuelles Misstrauen ist nicht angebracht: Kein auf seinen Ruf bedachter Küchenchef wird in einem Menü schlechte Produkte und „Übriggebliebenes“ einbauen. Sollte Ihnen ein einzelnes Gericht nicht entsprechen, wird man während der Bestellung sicherlich eine Alternative finden. Für große Tischrunden, die die Küche nicht unnötig quälen wollen, ist die Bestellung eines Menüs im Grunde Pflicht. Anders ist es eigentlich nicht machbar, einer Zehnerrunde gleichzeitig jeden Gang zu servieren. Das aber wohl wichtigste Argument für die Bestellung eines Menüs: Es ist vergleichsweise die preiswürdigste Form, in einem Restaurant zu speisen und dabei auch noch einen schönen Überblick über den Stil der Küche zu erhalten.

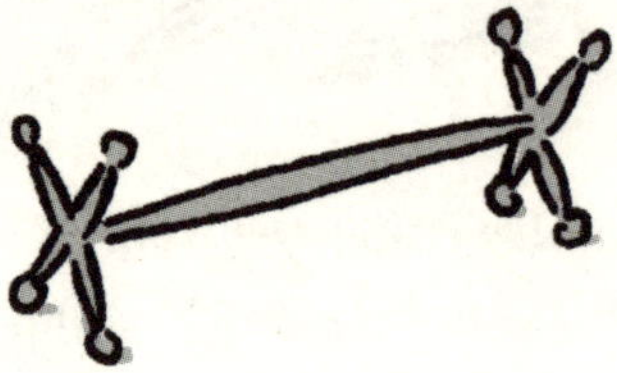

Messer

Wozu liegt das Messer in manchen Restaurants auf einer Art Gestell?

Dieses so genannte Messerbänkchen dient dazu, benutztes Besteck abzulegen, ohne dabei das Tischtuch zu beflecken. Mit Bestecksparen hat das aber nichts zu tun, sondern ist nur als eine Art Zwischenparkplatz für – zugegeben eher selten vorkommende – Situationen während eines vielgängigen Menüs gedacht. Bei der Gelegenheit: Halten Sie Ihre Souvenirgelüste angesichts der Lieblichkeit mancher dieser Geschirrteile im Zaum. Messerbänkchen in freier Wildbahn sind nicht zuletzt deshalb vom Aussterben bedroht, weil sie oft und gerne Füße bekommen und in den betreffenden Restaurants nach einiger Zeit nicht mehr auffindbar sind.

Mochi

Angeblich sterben in Japan durch das Essen von Mochi jedes Jahr dutzende Menschen. Was ist Mochi?

Mochi (sprich: „Motschi") sind kleine Nockerln aus Klebereis, die in Japan traditionell am Morgen des Neujahrstages gegessen werden. Das Dumme dabei: Jedes Jahr ersticken beim Essen der klebrigen Pampe tatsächlich Menschen auf ziemlich qualvolle Art. Zumeist handelt es sich bei den Opfern um ältere Leute, deren künstliches Gebiss durch den Mochi ungewollt abgelöst wird und so einen Schluckreflex auslöst: Der Mochi bleibt dann im Hals stecken. Aber auch junge Menschen sind immer wieder unter den Opfern, weshalb japanische Regierungsstellen sogar Leitfäden für den ungefährlichen Mochi-Verzehr ausgearbeitet haben. Die wichtigsten Empfehlungen: möglichst mit Suppe essen und – wer hätte das gedacht – in kleine Stücke schneiden.

Muscheln

Darf man Muscheln mit der Hand essen?

Ja, das ist auch im feinen Restaurant anerkannte Handarbeit. Man nimmt einfach eine ganze Muschel in die Hand und isst das Fleisch mit einer Gabel. Zwar könnte man das Fleisch auch mit Hilfe der Lippen und Zähne aus der Schale lösen, was aber nicht sehr elegant aussieht. Seine Geschicklichkeit kann man unter Beweis stellen, wenn man beim Essen von Miesmuscheln eine leere Schale als Greifinstrument benutzt, indem man mit der Schalenspitze das Muschelfleisch einer anderen „in die Zange" nimmt. Die leeren Muschelschalen kommen auf einen leeren Teller, für die Reinigung der Finger steht das in diesem Buch schon oft besprochene Minibassin zur Verfügung.

Muscheln

Warum hat die gut schmeckende Miesmuschel einen so seltsamen Namen?

Man vermutet, dass das Wort „Mies“ vom früher gebräuchlichen „mios“ kommt, womit man Moos bezeichnete. Durchaus möglich, dass man die Miesmuscheln früher „Moosmuscheln“ genannt hat, weil sie in der Natur wie Moos an den Steinen kleben. Und wenn auch das „mies“ alles andere als attraktiv ist: In Italien hört die in Mitteleuropa populärste Muschelart auf den in unseren Ohren auch nicht gerade charmanten Begriff „cozze“.

Muscheln

Warum soll man auch in Zeiten moderner Kühltechnik in Monaten ohne „r“ Muscheln eher meiden?

In den „r“-Monaten, also zwischen September und April, sind die Wassertemperaturen so moderat, dass die Gewässer mit Muschelbänken entsprechend sauber und klar sind. In der restlichen, heißen Jahreszeit kann sich das Meerwasser derart erwärmen, wodurch die Entstehung von toxischen Algen begünstigt wird, die in Folge die Muscheln ungenießbar machen. Ein weiterer Grund, zwischen Mai und August auf Meeresmollusken zu verzichten, ist die Tatsache, dass sich die Muscheln in dieser Zeit fortpflanzen und – ganz speziell Austern – dann nicht so gut schmecken.

Olivenöl

Warum schmecken manche Olivenöle regelrecht scharf?

Am Beginn der Erntesaison, die je nach Region von Oktober bis Ende Jänner dauern kann, sind die Oliven grün, ehe sie nach und nach braun, blau und am Ende fast schwarz werden. In jeder dieser Farbschattierungen ergeben die Oliven bei der Pressung unterschiedlich schmeckendes Öl. Während also die erste Pressung der Saison mit mehrheitlich grünen Oliven ein eher fruchtbetontes, würziges Öl hervorbringt, gewinnt man aus den zuletzt geernteten Früchten ein leicht süßliches Öl. Es liegt dann am Geschick des Abfüllers, durch die richtige Mischung den optimalen Blend seiner Marke zu erreichen. Selbstverständlich haben auch die jeweiligen klimatischen Bedingungen einer Region und die verwendete Olivensorte großen Einfluss auf den Geschmack des jeweiligen Öls. Achten Sie beim Kauf von Olivenöl möglichst darauf, dass vom Hersteller bzw. Abfüller auf der Flasche das Erntedatum angegeben wurde. Frische ist bei Olivenöl das wichtigste Qualitätskriterium.

Osterhase

Wann wurde zum ersten Mal der Osterhase gesehen?

Irgendwann im 19. Jahrhundert. Zuvor wurden die Eier von Himmelshennen, in der Schweiz vom Kuckuck oder vom Auerhahn gebracht. Warum nun ausgerechnet der Hase Eier bringt, ist nicht restlos geklärt. Die meisten Erklärungen gehen von einer Variation der seit Tausenden von Jahren bekannten Opferrituale aus. Wurden dafür früher noch Tiere geschlachtet, gab man sich

später mit so genannten „Gebildebroten“ aus Germteig zufrieden. In manchen Backstuben gerieten die Figuren ein wenig aus der Fasson und so wurde eines Tages aus den angedeuteten Opferlämmern ein hasenförmiges Ding. Dass Hoppel auch noch ein springlebendiges Aushängeschild für eifrige Fortpflanzung ist, machte ihn in Folge zum Austragen der Ostereier prädestiniert wie keinen anderen.

Paella

Was gehört in eine authentische Paella?

Das Paella-Original stammt aus Valencia und nimmt sich zu den heute gängigen Versionen vergleichsweise bescheiden aus. Es war ja auch ein Arme-Leute-Essen. Grundzutaten sind Reis, Olivenöl und Safran (wegen der Farbe). Die Zugabe von Bohnen, Hühner- und Kaninchenfleisch, eventuell auch Schnecken, Fröschen und Saisongemüse gilt in Valencia als korrekt. Mit den Jahren hat sich die Paella durch die Verwendung von Meeresfrüchten und Krustentieren zum Festessen für begüterte Menschen entwickelt. Leider ist auch das Gegenteil allgegenwärtig: Tiefgefroren in Supermärkten oder als seelenloses Convenience-Food in Hotelrestaurants angeboten, stellt sich kein freudiger Genuss ein. Seinen Namen hat das spanische Nationalgericht übrigens vom lateinischen Wort „patella" (= Pfanne). Eine stilechte Paella wird traditionell zu hohen Feiertagen in riesigen Pfannen im Freien zubereitet. Ein Ereignis, das im wahrsten Sinn des Wortes Volksfestcharakter hat und bei dem keiner Hunger leiden muss. Freaks wissen, dass eine gute Paella trocken sein muss. Idealerweise legt sich der Reis knusprig und goldfarben am Pfannenboden an. Ein großes Geheimnis bleibt ungelöst: Mit welchen Tricks werden die riesigen Paella-Pfannen für 100 Portionen und mehr auf effektive Weise sauber geschrubbt?

Parfüm

Ist es übertrieben, wenn sich manche Gäste im Restaurant durch Parfüm gestört fühlen?

Wer jemals versucht hat, zwischen Rosenwasser und Sandelholz das Bukett eines Weines zu ergründen, kennt die Problematik. Viele Damen wie auch Herren fühlen sich erst dann für einen schönen Abend gerüstet, wenn sie von einer intensiven Duftwolke umgeben sind. Im Gourmetrestaurant, wo nicht nur geschmeckt, sondern auch gerochen wird, kann dies zu erheblichen Irritationen führen. Nicht nur Wein, sondern auch Speisen leiden unter dieser Beeinträchtigung, die ähnliche Toleranz erfordert, wie sie auch beim Rauchen vonnöten ist.

Pasta

Warum sind frisch gemachte Nudeln nie „al dente"?

„Al dente", wörtlich „für den Zahn", bedeutet, dass die Nudeln noch „Biss" haben und nicht ganz weich gekocht sind. Diese Übung gelingt in den meisten Restaurants recht selten, daheim nur mit viel Routine und vor allem mit getrockneter Pasta aus Hartweizengrieß. Die hierzulande üblichen selbst gemachten bzw. frische Eiernudeln können niemals „al dente" sein, weil sie von Haus aus viel weicher als getrocknete Ware sind. Weil „al dente" für jeden etwas anderes ist, kann man sich darüber zumindest so lange unterhalten, bis die Pasta kalt geworden ist. Selbst ernannte Doktoren der Nudelistik führen spätestens dann die Tatsache ins Treffen, dass die Neapolitaner ihre Spaghetti und Vermicelli am liebsten mit so viel Biss haben, dass man die harte Pasta noch gar nicht richtig um die Gabel wickeln kann. In diesem Fall antworten Sie dann einfach: „Ja ja, bei meinem Neapolitaner gibt's die Pasta immer schon ‚fujenni'."

Pasta

Warum ist getrocknete Pasta aus manueller Produktion qualitativ schmeckbar besser?

Weil in der Regel ausgesuchte Zutaten verwendet und die Nudeln wesentlich liebevoller angefertigt werden. Je langsamer die Nudeln trocknen, umso mehr Geschmack haben sie letztlich. Aber auch so manche Tricks kommen zur Anwendung: So rauen einige Produzenten die noch frische Pasta mit handgefertigten Formen aus Bronze auf. So kann später die Pasta nicht nur effektiver im kochenden Wasser garen, auch Sugo bleibt besser daran haften.

Pastete

Isst man bei einer Pastete den Fettrand mit?

Im Allgemeinen nicht. Mitunter besitzt die Fettummantelung durchaus geschmackliche Reize, man überzeuge sich daher durch einen kleinen Probebiss. Im Zweifelsfall findet die fette Umhüllung im Verweilen am Tellerrand ihre weitere Bestimmung. Kulinarisch interessanter ist die Verkleidung einer Pastete mit Brotteig. Nur so für das Tischgespräch: Eine ohne Hülle hergestellte Pastete ist eine Terrine.

Pesto

Was macht ein Pesto wirklich gut?

Die berühmteste aller italienischen Saucen gerät gerne zur flüssigen Farce, wenn man alle Zutaten schnöde im Mixer verarbeitet. Eleganz und Molligkeit gewinnt ein Pesto ausschließlich durch Handarbeit im Mörser. Einzig zugelassen Zutaten: Basilikum, grobes Meersalz, Pinienkerne, Knoblauch und Olivenöl. Ob Parmesan oder Pecorino, ist diskutabel. Walnüsse anstelle von Pinienkernen sind hingegen schon ein Stilbruch. Mit Petersilie zusätzliches Grün hineinschummeln gilt auch nicht.

Picknick

Was gehört zu einem stilgerechten Picknick?

Liebe Freunde, schöne Landschaft und viele Insekten. Im Ernst: Das Wichtigste ist Bodennähe. Jede Sitzgelegenheit, die höher als eine Wolldecke ist, macht die Sache zu einem normalen Essen im Freien. Des Weiteren für ein stilgerechtes Picknick nötig: ein entsprechend großer Korb, in dem sich Geschirr, Besteck, Gläser, Tischtuch, Servietten sowie natürlich Speisen und Getränke befinden. Wer es schafft, alles auf richtiger Temperatur zu halten, die Butter nicht zu warm, den Wein kalt wie im Restaurant, der darf zu Recht stolz sein.

Picknick

Wer hat das Picknick erfunden?

Wer die Erfindung des Picknicks den Briten zuschreibt, irrt. Die Franzosen delektierten sich angeblich bereits im 16. Jahrhundert stilvoll am gedeckten Rasen der adeligen Schlösser und Höfe. Das französische „pique-nique“ kann auch mit „Kleinigkeiten herauspicken“ oder „jeder bringt einen Teil zum gemeinsamen Mahl“ übersetzt werden. Die luxuriösesten Picknicks finden alljährlich während des Opernfestivals im britischen Glyndebourne statt. In der obligaten extralangen Pause von 75 Minuten genießt man in Smoking und Abendkleid eiskalten Champagner aus dem Kühlschrank im Rolls-Royce-Corniche und scheucht die Schafe auf die angrenzende Weide zurück, die sich ebenfalls für Kaviar und Roastbeef interessieren würden. Das wohl berühmteste Bild zum Thema Picknick stammt wiederum aus Frankreich. Edouard Manet produzierte mit seinem „Le Déjeuner sur l'herbe“ im Jahr 1863 einen handfesten Skandal, weil er zu zwei in der Wiese lagernden Galanen mit einem Picknickkorb eine nackte Frau setzte. Das würde heute wohl keinen mehr aufregen, dafür stehen aber auf den Rasenflächen im Park „Betreten-verboten“-Schilder.

Pizza

Hat wirklich ein neapolitanischer Koch die Pizza erfunden?

Am Anfang der Erfolgsstory des globalen Fastfood schlechthin stand das geröstete Fladenbrot, das wahrscheinlich irgendwann im 17. Jahrhundert in Italien mit Tomaten, Käse, Knoblauch und allerlei Gewürzen schmackhafter gemacht wurde. Das meistzitierte Pizzadatum ist das Jahr 1889. Damals soll in Neapel der Koch Raffaele Esposito von der Königin Margherita eingeladen worden sein, bei Hof eine von ihm entwickelte Pizzavariante zuzubereiten. Diese war in den italienischen Nationalfarben gehalten: rote Tomaten, grünes Basilikum und weißer Mozzarella. Ob die auch heute noch populäre Pizza Margherita tatsächlich darauf ihren Namen zurückführt oder ob es sich dabei nur um eine gut erfundene Geschichte handelt, ist ungewiss. Gewiss ist hingegen, dass es im 19. Jahrhundert zu den erstrebenswertesten Dingen unter den Adeligen und Reichen zählte, wenn eine Beilage, eine Zubereitungsform oder gar ein ganzes Gericht ihren Namen trug. Auguste Escoffier, der geniale Koch und Gastronom, pflegte diese Eitelkeiten bis zum Exzess. Kein Stammgast, der nicht eine Rezeptur gewidmet erhielt und dessen Name womöglich auch heute noch auf diese Weise bekannt ist. Man denke etwa nur an Pfirsich Melba, benannt nach der australischen Operndiva Nellie Melba.

Prosecco

Was ist der Unterschied zwischen Prosecco und Sekt?

Eine Frage, auf die es viele Antworten gibt. Zunächst einmal ist Prosecco eine in Nordostitalien beheimatete, spät reifende Weißweinrebsorte. Aus ihr wird traditionell ein Stillwein produziert, den aber kaum jemand kennt. Kein Wunder, schließlich ist Prosecco hierzulande eigentlich schon das Synonym für frisch-fruchtigen Schaumwein der leichten Art. Kenner wissen allerdings zu unterscheiden: Einfacher Prosecco trägt die Zusatzbezeichnung „Frizzante" am Etikett. In der simpelsten Version wird dafür der Grundwein mit Kohlensäure versetzt. Schon ein wenig wertvoller ist die Flasche, wenn „Spumante" draufsteht. Dabei handelt es sich um doppelt vergorenen Grundwein, und das wiederum ist nichts anderes als Sekt.

Pünktlichkeit

Um wie viel vor der Zeit hat der Einladende im Restaurant zu sein?

10 bis 15 Minuten vor dem eigentlichen Termin im Restaurant zu sein ist ein Gebot der Höflichkeit für jeden guten Gastgeber. Es ist extrem unangenehm und unhöflich, wenn der Einladende erst dann erscheint, wenn seine Gäste schon den zweiten Aperitif bestellt haben – oder aus Rücksichtnahme dem Verdursten nahe sind.

Rauchen

Schmecken Köche, die Raucher sind, würziger und weniger feinfühlig ab?

Auch wenn man anderes vermuten könnte, ist es nicht nachweisbar. Zwar ist unbestritten, dass das Rauchen von Zigaretten, Zigarren oder Pfeife kurzfristig sämtliche Geschmacksempfindungen beeinträchtigt, langfristig aber ist das nicht der Fall. Kein ernst zu nehmender Koch wird während der Arbeit rauchen. Wie viel er danach raucht, darf seinen Gästen also herzlich egal sein. In diesem Zusammenhang sei auch erwähnt, dass auch anerkannt kompetente Weinkenner und Sommeliers gerne rauchen und trotzdem bei Weinproben und Blindverkostungen mit ihren geschmacklichen Fähigkeiten beeindrucken.

Rauchen

Wann darf man im Restaurant rauchen?

Dann, wenn alle anderen Gäste am Tisch um Erlaubnis gefragt wurden und nichts dagegen haben. Darüber hinaus gebietet es der Respekt vor der servierten Kochkunst, erst nach Ende des Menüs – und nicht etwa zwischen den einzelnen Gängen – zu rauchen. Der Qualm verdirbt nicht nur dem Raucher, sondern auch allen anderen Gästen die Freude am Geschmack und Duft der Speisen. Die Höflichkeit würde es zudem gebieten, Zigarren nicht dann zu entzünden, wenn am Nebentisch gerade der Hauptgang serviert wird. In früheren Zeiten ging man nach dem Essen in den Rauchersalon – ein Luxus, der in Zeiten des optimalen Raumnutzung-Gesamtumsatz-Verhältnisses schlicht undenkbar erscheint. Obwohl in vielen Restaurants die Bar oder der eventuell vorhandene Garten eine Alternative bieten. Rücksicht und Toleranz können in dieser heiklen Frage auf alle Fälle Wunder wirken.

Rechnung

Wie teilt man eine Restaurantrechnung?

Indem man sie durch die Zahl der Beteiligten dividiert. Einzelne Speisen und Getränke zu addieren ist eine zeitraubende, kleinliche Zumutung, die aus unerfindlichen Gründen im deutschen Sprachraum gerne gepflegt wird. Wenn schon hierzulande die mediterrane Lebensart und Kulinarik als so erstrebenswert gilt, sollte man sich doch bitte auch in dieser Hinsicht von der steifen Buchhaltermentalität lösen. Oder hat da etwa jemand Angst, dass er ein Glas Wein zu wenig getrunken hat?

Reservieren

Wie lange im Voraus muss man in guten Restaurants reservieren?

Wer bei Spitzenköchen à la Alain Ducasse speisen will, sollte sein Glück zumindest einen Monat vor dem Wunschtermin versuchen.

Viele Toprestaurants sind derart ausgebucht, dass sich dort auch niemand darüber wundert, wenn Sie Ihren Tisch ein halbes Jahr vorher reservieren. In der Regel wird man dann um die Kreditkartennummer oder auch nur um eine schriftliche Bestätigung gebeten. Je nach Hausbrauch stellen einige Restaurants bei Nichterscheinen tatsächlich Stornogebühren in Rechnung. Der Grund für diese rigide Maßnahme ist bei rücksichtslosen Gästen zu suchen, die beispielsweise in den fünf besten Restaurants der Stadt einen Tisch reservieren und so damit protzen wollen, dass sie überall problemlos einen Tisch bekommen.

Auch in „normalen" Restaurants sollte man sein Kommen stets telefonisch ankündigen. So ersparen Sie sich selbst lästige Wartezeiten, der Tisch ist fertig eingedeckt und alle Bediensteten sind auf die Ankunft der Gäste eingestellt. In manchen Restaurants wird man Sie möglicherweise bitten, eine halbe Stunde früher oder später zu kommen. Meistens hat das mit dem zu erwartenden Arbeitsaufkommen in der Küche zu tun, wenn etwa zur gleichen Zeit eine große Gesellschaft angesagt ist, was mit langen Wartezeiten verbunden wäre.

Restaurant

Wann und wo wurde das erste Restaurant eröffnet?

Gasthöfe, Poststationen sowie Schänken, in denen vor allem getrunken, aber auch gegessen wurde, gibt es seit hunderten von Jahren. Das erste Restaurant im heutigen Sinn wurde 1765 von Armand Boulanger in Paris eröffnet. Er bot verschiedene kräftigende Suppen an. Dies entsprach der damaligen Bedeutung des französischen Begriffs „restaurant" im Sinne von stärkend und ist offenbar aus dem lateinischen „restituo" abgeleitet. Etwa zwei Jahrzehnte später eröffneten in Paris nach und nach immer mehr Etablissements, die durch zwei Umstände zum Restaurant wurden: Sie offerierten den Gästen eine große Speisenauswahl und im Gegensatz zur damals üblichen Sitte saßen die Gäste nicht an einer großen Tafel, sondern an kleinen Einzeltischen. Zu den ersten Restaurateuren zählte Antoine Beauvilliers, der Ende des 18. Jahrhunderts mit „L'Art du cuisinier" eines der ersten Standardwerke zu den Themen Gastgeben und Kulinarik verfasste.

Restaurant

Mann oder Frau: Wer betritt ein Restaurant zuerst?

Gemäß allen Benimm-dich-Klassikern à la Knigge, Elmayer und Co. sollte der Mann vorangehen. Angeblich, um die Dame vor neugierigen Blicken, eventuell auch drohenden Wurfgeschossen und anderen im Luftraum befindlichen Katastrophen zu schützen. Möglicherweise hat das in den rüden Kaschemmen des Wilden Westens Sinn gemacht, in unserer zivilisierten Welt existieren zumindest solche Bedrohungen nicht. Es ist daher eigentlich völlig egal, wer ein Restaurant zuerst betritt. Weil es allerdings ein Gebot der Höflichkeit ist, einer Dame die Tür aufzuhalten, wird es der Herr nur schwerlich oder mit akrobatischen Verrenkungen schaffen, vor ihr über die Schwelle zu schreiten.

Restaurant

Wer geht vor im Restaurant?

Wenn Sie von der Bar oder der Rezeption zu Ihrem Tisch gehen, so geleitet Sie im Normalfall ein Kellner dorthin. Hinter ihm geht die Dame, gefolgt vom Herrn. Werden zwei Paare zu Tisch geleitet, sieht die korrekte Reihenfolge so aus: Kellner, Dame, Herr, Dame, Herr. Wird man nicht von einem Kellner geführt, geht der Herr voraus. Beim Verlassen des Restaurants ist alles anders, dann geht die Dame voran.

Safran

Was ist das teuerste Gewürz der Welt?

Die im Feinkosthandel obligate Frage „Darf es ein bisserl mehr sein?" kann mitunter zur Existenzfrage werden. Dann zum Beispiel, wenn man Safran einkauft. Denn dabei hat die Bezeichnung „Apothekerpreis" schon seine Berechtigung. Safran ist definitiv das teuerste Gewürz der Welt. Je nach Herkunft und Ernte liegt der Welthandelspreis zwischen 2.500 und 6.000 Euro pro Kilogramm. Dass Safran trotzdem nicht nur den Superreichen vorbehalten ist, verdanken wir seiner „demokratisch-bürgerlichen" Dosierungserfordernis. Schon kleinste Mengen genügen, um den würzig-betörenden Duft und die einzigartige gelbe Farbe hervorzurufen. Safran wird aus den Blütennarben einer Krokuspflanze gewonnen. In jeder Blüte gibt es drei davon, die händisch gezupft werden. Die besten Pflücker schaffen 60 bis 80

Gramm pro Tag. Für ein Kilogramm Safran sind an die 200.000 Blütennarben erforderlich. Ein Mysterium, das manche vielleicht beschäftigt, sei bei dieser Gelegenheit auch noch besprochen: Obwohl Safranfäden zwar rot sind, färben sie Speisen gelb. Der Grund: Der rote Pflanzenanteil ist nicht wasserlöslich, das darin enthaltene gelbe Crocin aber sehr wohl. Sollte man Ihnen bei der nächsten Urlaubsreise Safran im Supersonderangebot anbieten, Hände weg: Wenn er billig ist, ist er mit Sicherheit verfälscht. Sparefrohs, die gerne billiges Gelb in ihre Speisen bringen wollen, greifen besser zu Kurkuma.

Salz und Pfeffer

Schickt es sich nachzusalzen?

Wenn es notwendig ist, wird auf den Schick gepfiffen. Der Grund, warum in besseren Restaurants Salz und Pfeffer nicht am Tisch stehen, ist einerseits die Überzeugung, dass man die Hervorbringungen der guten Küche nicht nachzubessern braucht. Andererseits wird so jenen ein Schnippchen geschlagen, die zur Gruppe der reflexartigen Nachsalzer zählen. Ein Phänomen, das oft zu beobachten ist: Menschen jeder Herkunft und Klasse bekommen einen Teller serviert und salzen das Gericht nach, ohne überhaupt gekostet zu haben. Vielleicht handeln Nachsalzer so, weil sie an Überlieferungen aus dem Orient glauben, wonach Salz böse Geister vertreibt. Sensible Köche und Patrons könnten als mögliche Reaktion den chronischen Nachwürzer dorthin wünschen, wo der Pfeffer wächst. Eine lange Reise, die nach Afrika, Indien oder Indonesien führt.

Sandwich

Gab es wirklich einen Lord, nach dem das Sandwich benannt ist?

Ja. John Montagu, der vierte Graf von Sandwich, wird von verlässlichen Biografen als „Erfinder“ des heute weltweit beliebten Imbisses genannt. Der im Jahr 1718 geborene Brite war eine äußerst schillernde Persönlichkeit, stets auf Reisen, bekleidete mehrmals das Amt des Außenministers. Als britischer Marineminister agierte er nicht sonderlich glücklich und verlor sämtliche Kolonien im amerikanischen Unabhängigkeitskrieg. Angeblich ließ sich der Earl of Sandwich tatsächlich Rindfleisch zwischen zwei Scheiben geröstetes Brot legen. Umstritten ist, wie es dazu kam. Wohlmeinende Montagu-Verehrer sehen den Grund in der Arbeitsbelastung. Hartnäckig bleibt allerdings auch die Behauptung am Leben, dass der Earl of Sandwich dermaßen dem Spiel verfallen war, dass er nicht vom Spieltisch aufzustehen bereit war und sich nur so ernähren wollte.

Sandwich

Wie isst man ein Sandwich?

Die einfache Version, also zwei Brotscheiben mit einer Füllung welcher Art auch immer, bereitet wenig Probleme. Man isst diesen Imbiss ganz im Sinn des Erfinders mit der Hand. Große Sandwiches kann man, sofern dies nicht ohnehin schon die Küche erledigt hat, vorher in handliche Stücke schneiden. Aber bitte nicht mit Messer und Gabel essen, das wirkt wie der gespreizte kleine Finger beim Sekttrinken.

Komplizierter ist da schon das Clubsandwich, das aus drei, manchmal sogar vier Schichten Brot besteht, die nicht nur mit Fleisch und Käse, sondern gerne auch mit Sauce und Salat gefüllt sind. Die Chance, sich beim Verspeisen dieses „Ungetüms" zu bekleckern, ist insofern recht groß, als ein Clubsandwich ein Imbissklassiker ist. Im Normalfall halbiert die Küche das fertige Brotmonster, und zwar in zwei Dreiecke, die mit Spießen fixiert werden. Sandwichprofis halten das Brot an einer Seite fest, ziehen den Spieß heraus und beißen ab. Dass von der Füllung nichts herausfällt, ist eigentlich undenkbar und daher keine Blamage. Dumm nur, wenn nach dem Verzehr Wildfremde auf einen Blick auf Hemd oder Bluse wissen, dass man ein Clubsandwich gegessen hat. Wer in Gesellschaft den Mund nicht so weit aufreißen will, sollte ebenfalls einen anderen Imbiss wählen.

Sauce tunken

Darf man Brot in Saft oder Sauce tunken?

Im piekfeinen Restaurant nicht. Aber dort sollte ja auch ein Saucenlöffel bereitliegen, um die Köstlichkeit korrekt aufzunehmen. Im Wirtshaus oder im privaten Rahmen gilt: Warum nicht? Schließlich ist es ein Zeichen dafür, dass es schmeckt, was noch jeden Koch gefreut hat. Die Tunkerei macht aber natürlich erst dann Sinn, wenn Fleisch bzw. Fisch sowie sämtliche servierte Beilagen bereits verspeist sind.

Scampi

Sind Shrimps auch Scampi?

Willkommen im sprachlichen Babylon. Shrimps, Garnelen, Scampi – um kaum etwas in der kulinarischen Welt gibt es einen derartigen Wirrwarr wie um die korrekte Benennung von Krustentieren. Auslöser dafür ist wohl ein sprachliches Übersetzungsproblem, weil man in jeder Sprache gewisse Garnelen und Krustentierarten anders bezeichnet. So meinen zum Beispiel die Briten mit „Shrimps“ ausgewachsene Riesengarnelen, während bei uns damit kleine Kaltwassergarnelen gemeint sind. In der österreichischen und süddeutschen Spitzengastronomie werden Scampi gerne auch als Langustinos angeboten. Wer jemals eine ausgewachsene Langustine gesehen hat, kommt angesichts des kleinen Schwanzes wohl ins Grübeln. Die namentliche Verirrung kommt vom französischen Wort „langoustine“, was von Händlern ganz einfach eingedeutscht wurde. Und irgendwie klingt es ja auch gut.

Verschärft wird die Problematik durch die Tatsache, dass kein Nobelitaliener ein Menü ohne preissteigerndes Krustentieraufkommen bestreiten mag. Und was sind jetzt Scampi? Die korrekte Eindeutschung des Begriffs lautet Kaisergranat und damit ist ein etwa 25 Zentimeter langer Krebs gemeint, der über einen daumendicken Schwanz und zwei kleine Scheren verfügt. Diese Tiere werden bei uns mitunter auch frisch angeboten, werden im Mittelmeer gefangen und sind bezüglich Transport und Lagerung sehr empfindlich. Nicht selten gelangen sie tiefgefroren zu uns. „Ciao Dottore, alles heute ganz frisch: schöne Scampi von meinem Vetter Enrico, gestern gefangen."

Schinken

Warum sind manche spanische Rohschinken so enorm teuer?

Das liegt am iberischen Schwein, einer der letzten Schweinerassen Europas mit Weide- oder Auslaufhaltung. Es stammt vom „sus mediterraneus" ab, dem Wildschwein, das ehemals an beiden Mittelmeerufern zu Hause war. Die spanische Traditionsrasse war fast ausgestorben, ehe man sich ihrer als qualitätsvoller Alternative zur industrialisierten Sau annahm. Wer sich ein wenig bei Nutztieren auskennt, weiß, worauf es ankommt: Langsames Wachstum und schlechte Futterverwertung ergeben tolle Fleischqualität, die sich im speziellen Fall durch geschmackvolle Fetteinschlüsse auszeichnet. Diese intramuskulären Infiltrate gleichen den Adern von allerfeinstem Marmor. Je nach Vermarktungspolitik heißen die Schinken „Pata negra", was vom schwarzen Huf der Schweine herrührt, „Jabugo“, was auf eine Region in Andalusien zurückzuführen ist, wo besonders viele Schinkenproduzenten zu Hause sind, oder „Jamón Ibérico de Bellota“. Letzteres kündet von der Praxis, die Schweine nicht mit allerlei Kräutern, sondern auch mit Eicheln zu mästen, was dem Fleisch ein unvergleichlich nussiges Aroma verleiht. Eingesalzen und bis zu drei Jahre lang luftgetrocknet, gelten diese Schinken als das Nonplusultra für Fleischtiger. Experten schwören, dass der Jamon Iberico der einzige Rohschinken überhaupt ist, der sich – ganz gleich, ob dünn oder dick geschnitten – ohne Probleme durchbeißen lässt, was bei anderen italienischen oder spanischen Rohschinken selbst mit messerscharfen Zähnen nicht gelingt, sondern eher in ein wenig ansehnliches Zerren oder Schlingen ausartet ...

Schnaps

Warum schmeckt Schnaps manchmal ziemlich stechend?

Das liegt meistens daran, dass der Schnaps zu warm serviert wird, wodurch sich der reichlich enthaltene Alkohol noch stärker bemerkbar macht. Gute Destillate sollten stets mit Zimmertemperatur (etwa 16 bis 18 Grad) getrunken werden. Achtung: Kalt serviert, können Brände kein Aroma entfalten. Jeder Drink „on the rocks“ ist im Grunde eine Missachtung des Produktes. Sollte ein Brand einmal doch zu warm sein, gibt es einen bewährten Trick. Geben Sie für kurze Zeit einen Eiswürfel ins Glas, leeren Sie es dann wieder aus und den Schnaps hinein.

Schnaps

Gibt es, so wie beim Wein, auch für verschiedene Schnapssorten die jeweils passenden Gläser?

Aber natürlich, mittlerweile wurde für fast jede Art ein spezielles Glas entwickelt, zum Beispiel für Beerenbrände oder Grappa. Wer keinen Platz mehr im Glasschrank hat: Mit tulpenförmigen Gläsern besitzt man am ehesten ein universelles Schnapsglas. Sollten Sie in Ihrem Haushalt noch irgendwo Cognacschwenker herumstehen haben, füllen Sie diese am besten mit Glasmurmeln, Büroklammern oder Figuren aus den Kinderüberraschungs-Eiern. Dafür könnte dieses unselige Gefäß eventuell taugen, aber sicher nicht für Schnaps, weil sich darin sofort jede Aromatik verflüchtigt.

Schnaps

Soll man Schnapsflaschen liegend oder stehend aufbewahren?

Brände sollten immer stehend gelagert werden. Der hohe Alkoholgehalt laugt den Korken aus, was zu Geschmacks- und Farbveränderungen führt. Ist die Flasche nur noch halb voll, zahlt sich auch das Umfüllen in einen kleineren, gut verschließbaren Flakon aus, um so das „Ausrauchen" zu verhindern.

Schnaps

Passt Schnaps zum Dessert?

Zur Harmonie bedarf es in der Regel zweier Gegenpole, die sich im Idealfall zu einem beglückenden Ganzen verbinden. Die Chinesen meinen, dass sich diese Grundweisheit auf alle elementaren Dinge des Lebens anwenden lässt, und erzählen daher viele Geschichten von Yin und Yang. Wegen der geschmacklichen Urkraft des Schnapses kommt diesem wohl unzweifelhaft die Rolle des Yang („das Männliche, der Himmel, die Stärke") zu, während sich die möglichen Begleiter wohl eher als Yin („das Weibliche, die Erde, die Nachgiebigkeit") fühlen müssen. Das Kapitel der kulinarischen Harmonielehre ist schon mit Wein nicht einfach zu lösen. Bei Schnaps und Desserts halten nur noch die Mutigen nach einer Lösung Ausschau. Dasselbe Grundprodukt am Teller und im Glas zu haben ist grundsätzlich eine sichere Sache. Entsprechende Beispiele für das geschmackvolle Leben bei Tisch: Marillenknödel und Marillenbrand, Hollerkoch mit entsprechendem Brand und auch für ein Himbeersoufflee findet sich so der geeignete Begleiter. Das Spaßige an der Sache: Wer das Grundprodukt, vielleicht sogar in Form einer Garnitur roh und unbehandelt, am Teller hat, kann beim Degustieren des Schnapses auf einen unmittelbaren Erfahrungswert in Sachen Fruchtgeschmack zurückgreifen.

Filigranere Desserts abseits der Zuckerbomben überleben den Schnaps-Yang mit der Wahl eines holzgelagerten Destillates wie etwa einer alten Zwetschke. Bei derlei Bränden treten die milden Komponenten in der Regel deutlicher hervor. Dieses Prinzip gilt auch für die

Kombination von Schnäpsen und edlen Zigarren. Auch hier haben es duftige Fruchtbrände nicht leicht. Hingegen sind volumenreiche oder holzgelagerte Brände kongeniale Havanna-Partner, weil sie ihre Frucht in erster Linie am Gaumen offenbaren. Andernfalls gerät ein fruchtiger Obstbrand angesichts der kubanischen Geschmacksstärke sogar in Gefahr, zum Yin zu mutieren.

Schnecken

Werden in Frankreich tatsächlich die Eier von Schnecken verkauft?

Wer suchet, der findet. Anfang der 1990er Jahre galten die Eier von Weinbergschnecken bei kulinarisch gelangweilten „Nouveaux riches" tatsächlich als delikater Kaviarersatz. Einmal mehr war es vor allem der aus der Rarität resultierende Preis, der Aufsehen erregte. Weil eine Schnecke nur zwei bis drei Gramm Eier legt, gleicht das Einsammeln der Nadelsuche im Heuhaufen. Mittlerweile hat sich der Schneckeier-Hype gelegt. Als Gourmet kann man schon froh sein, wenn man überhaupt eine anständige europäische Weinbergschnecke bekommt, die allerdings in den meisten Ländern unter Tierschutz steht. In Konserven werden leider oft minderwertige Schneckenarten aus Asien angeboten.

Schnepfe

Was ist eigentlich Schnepfendreck?

Es handelt sich dabei um die Innereien (in erster Linie um den Darminhalt) des Zug- und Sumpfvogels, den man mit Kräutern, Ei und Bröseln vermischt und auf Brot überbacken serviert. Die kulinarische Extravaganz, auf die vor allem französische Gourmets abfahren, soll einen unvergleichlich delikaten Geschmack besitzen. Sollte Ihnen statt Schnepfendreck eine ganze Schnepfe angeboten werden, seien Sie auf Schrotkugeln vorbereitet. Mit einer anderen Munition ist der kleine Vogel nur schwer zu erlegen. Generell gilt der Verzehr von Schnepfen eher als ziemlich gestrig.

Schokolade

Wie definiert man wirklich gute Schokolade?

Entscheidend ist der Kakaogehalt der Schokolade, der sich bei Top-Produkten zwischen 60 und mehr als 90 Prozent bewegt. Mit der normalen Milchschokolade, deren Geschmack nicht zuletzt von Kakaobutter, Milchpulver und Nüssen geprägt ist, hat diese Schokolade so gut wie nichts gemeinsam. Durch den hohen Kakaogehalt schmeckt sie entsprechend intensiv und aromatisch, was anfänglich äußerst gewöhnungsbedürftig ist. Ähnlich wie bei Kaffee wird neuerdings auch bei Kakao nach Herkunftsregionen unterschieden. Für so manche „Cru"-Schokolade werden Kakaobohnen einer einzelnen Hazienda sortenrein in Tafeln geschmolzen. Die Namen folgender Top-Chocolatiers sollte man sich merken: Michel Cluizel, Valrhona, Bonnat, Scharffenberger, Green & Black's.

Schokolade

Macht Schokolade glücklich?

Angeblich verursacht Schokolade Lust- und Glücksgefühle. Das haben zumindest umfangreiche wissenschaftliche Untersuchungen erwiesen, bei denen eine Menge Stoffe gefunden wurde, die im Gehirn entsprechende Reaktionen auslösen. Beim Essen von Schokolade bildet unser Körper Serotonin. Das ist eine Art „Gute-Laune"-Hormon, das besonders an kurzen, kalten und nebeligen Wintertagen depressive Stimmungen vertreiben kann. Über Risiko und Nebenwirkungen informiert Sie Ihr Arzt oder Ihr Süßwarenhändler.

Schokolade

Gibt es einen Wein, der gut zu Schokolade passt?

Das Problem beschäftigt Heerscharen von Sommeliers und Feinschmeckern seit geraumer Zeit. Die gängigsten Empfehlungen: Banyuls, ein dem Portwein nicht unähnlicher Wein, der aus dem französisch-spanischen Grenzgebiet an der Mittelmeerküste stammt. Banyuls hat neben moderatem Alkoholgehalt auch entsprechende

Süße und nussige Rösttöne, die es sogar mit dem alles überstrahlenden Aroma von Bitterschokolade aufnehmen können. Zur Schokolade passt auch so mancher alte Madeira oder Tawny Port. Weitere flüssige Begleit-Tipps für Chocoholics: Sherry der Rebsorte Pedro Ximénes, oder man versucht einmal Amarone, einen wuchtigen Rotwein aus Valpolicella, der aus dem Most von luftgetrockneten Trauben gewonnen wird.

Schokolade

Ist in weißer Schokolade besonders viel Milch drin?

Nicht mehr als in dunkler Schokolade. Dazu muss man wissen, dass für die Farbe der Schokolade das Kakaopulver verantwortlich ist. Dieses fehlt in der weißen Schokolade, was aber nicht bedeutet, dass diese überhaupt keinen Kakao enthält. Für die Produktion wird hellgelbe Kakaobutter verwendet, das aus frischen Kakaobohnen herausgepresste Fett.

Seeigel

Kann man Seeigel tatsächlich essen?

Worauf die einen schmerzhaft am Meeresstrand steigen, ist für die anderen tatsächlich eine Delikatesse. Für Binnenländer aber eher eine rare und wohl auch etwas skurrile Sache. Beim Seeigel zählen ausschließlich die inneren Werte, vorzugsweise jene der Seeigelin. Die verfügt über Eier, die wie jodiertes, ein wenig gesüßtes Meerwasserkonzentrat schmecken. Gegessen wird das roh (ja, wirklich) oder auch gekocht. Ein ziemlich unvergessliches Geschmackserlebnis.

Sekt

Was ist der Unterschied zwischen Sekt, Champagner und Crémant?

Despektierlich gesagt: kein großer. Bei allen drei Getränken handelt es sich um Schaumwein. Fast überall auf der Welt, wo Wein gemacht wird, wird er auch in einer zweiten Vergärung zu perlendem Sprudel verarbeitet. Wenn das im gesetzlich abgegrenzten Gebiet der französischen Region Champagne getan wird – einmal mehr, einmal weniger sorgfältig und qualitätsorientiert –, darf sich das Ergebnis, und zwar nur dort, Champagner nennen. Anderswo heißt es Sekt nach Champagner-Methode oder in manchen Regionen Frankreichs Crémant. Letztere Bezeichnung kann, muss aber nicht darauf hindeuten, dass das köstliche Nass mit etwas weniger Kohlensäuredruck vor sich hinschäumt.

Service

Was kommt von links?

Zwischen links und rechts zu unterscheiden fällt am schwersten, wenn es um Positionsangaben von Parteiprogrammen geht. Beim korrekten Service im Restaurant ist die Welt der Richtungsangabe aber noch in Ordnung. Die allgemeine, einfachste Grundregel lautet: Von links wird alles Essbare serviert, von rechts wird es entfernt. Doch keine Regel ohne Differenzierung: Im noblen Restaurant präsentiert der Ober von links sämtliche Speisen, die sich auf einer Platte oder in einem Korb zum Auswählen befinden (zum Beispiel Brot). Fertige Tellergerichte hingegen werden von rechts eingestellt und auch

wieder abserviert. Auch die Getränke werden von rechts eingeschenkt und gegebenenfalls die Gläser von dieser Seite weggenommen. Bei größeren Tischrunden erfolgt der Service im Uhrzeigersinn und natürlich gilt: Ladies first! Noch ein wesentlicher Grund für vernünftige Regelignoranz: Wenn beispielsweise ein Tisch so steht, dass sich der Kellner für die korrekte Reichung des Tellers permanent wie ein Zirkusartist um eine im Weg befindliche Säule schlängeln müsste, würde Regelkonformität nur stören und linkisch wirken.

Service

Darf man Wein selbst nachschenken?

Wenn die Flasche – beziehungsweise Karaffe oder Krug – bei Tisch steht, ist das durchaus korrekt. Allerdings sollte auch dann der Service ein Auge darauf haben, dass die Gläser niemals leer sind, und gegebenenfalls die Initiative ergreifen. Sollte die Flasche für Sie unerreichbar in einem Kühler oder auf einer Anrichte stehen, ist es stets Sache der Kellner, rechtzeitig nachzuschenken. Andernfalls ist das ein schwerer Fehler des Personals. Während man auf den säumigen Nachschenker wartet, könnte man darüber sinnieren, dass der Begriff Service vom lateinischen „servire" abzuleiten ist, was mit so viel wie „Sklave sein, dienen" zu übersetzen ist. In Situationen wie diesen empfindet man es wohl als besonders bedauerlich, dass die ursprüngliche Bedeutung des Wortes abhanden gekommen ist.

Servicecrew

Who´s who im Restaurant?

In großen Restaurants existiert im Servicebereich ein traditionelles Hierarchiesystem, das aus Frankreich stammt.

Directeur de restaurant: Der Restaurantdirektor ist der Gesamtverantwortliche. Er begrüßt mitunter die Gäste, ersetzt beispielsweise in Hotelrestaurants den Patron, also Besitzer des Hauses.

Maître d' hôtel: Er ist gegenüber den Gästen der eigentliche Ansprechpartner hinsichtlich Menüberatung, etwaiger Sonderwünsche und Reklamationen.

Chef de rang: Eine Art Oberkellner, der für einen bestimmten Sektor des Restaurants verantwortlich ist und auch so anspruchsvolle Tätigkeiten wie das Tranchieren eines Bratens oder das Filetieren eines Fisches bei Tisch übernimmt.

Commis de rang: Dem Oberkellner unterstellter Jungkellner, der im Prinzip auf Zuruf überall mithelfen sollte, im Pannenfall daher auch immer schuld ist. – Wozu gibt es denn sonst eine Hierarchie?

Sommelier: Abseits der üblichen Gruppendynamik bewegt sich der für den Wein zuständige Fachmann, der sich aber auch gleichzeitig oft als umsichtiger Troubleshooter bewährt.

Serviette

Soll man die Serviette entfalten, wenn der erste Gang serviert wird, oder schon davor?

Man entfaltet die Serviette und breitet sie auf dem Schoß aus, sobald man bei Tisch sitzt. In einigen Restaurants wird man gar nicht so weit kommen, denn dort übernehmen die Kellner dies dermaßen elegant und unmerklich, dass sich die Serviette sozusagen wie von selbst korrekt platziert. Notabene: Die Serviette ist nicht dafür da, schmutzige Finger zu reinigen, sondern ausschließlich dafür gedacht, die Kleidung vor versehentlich herunterfallenden Bissen zu schützen und die Lippen vor jedem Schluck aus dem Glas zu säubern.

Serviette

Ist es ganz besonders fein, wenn man die Serviette nicht ganz entfaltet?

Das ist im Grunde übertriebene Etikette und macht nur

bei besonders großen Servietten Sinn. XXL-Servietten also einmal gefaltet lassen. Widerstehen Sie bitte der Versuchung, große Servietten in den Hemdkragen zu stopfen. Damit erwecken Sie allerhöchstens den Eindruck, ein missglücktes Körperkondom angelegt zu haben. Diese Maßnahme ist maximal bei ungelenken beleibten Herren tolerierbar, die andernfalls den Tisch befleckt wie ein Kleinkind verlassen würden.

Serviette

Wohin mit der Serviette, wenn man sich zwischendurch vom Tisch entfernt?

Legen Sie die Serviette einigermaßen geradlinig zusammen und legen Sie sie links neben den Teller. Die Serviette zusammengeknüllt auf dem Tisch zu hinterlassen ist eine Unhöflichkeit gegenüber Ihren Tischgenossen. Auf den Stuhl gelegt, könnten daran anhaftende Speisereste den Sitzpolster und in Folge auch die eigene Kleidung verschmutzen.

Serviettenknödel

Wie kommt der Serviettenknödel zu seinem Namen?

Weil die Knödelmasse traditionell tatsächlich in eine gebutterte Serviette eingerollt wurde, um sodann über Wasserdampf gegart zu werden. Heute müsste man den Beilagenklassiker eigentlich in Klarsichtfolienknödel umtaufen. Aus hygienischen Gründen schwören selbst strenge Kochtraditionalisten auf hitzebeständige Kunststofffolie.

Sommelier

Ist es peinlich, eine Weinempfehlung abzulehnen, weil einem der Preis der Flasche zu hoch erscheint?

Keineswegs, schließlich geht es um Ihr Geld, und der beste Wein der Welt wird Ihnen nicht schmecken, wenn Sie ihn als unangemessen teuer empfinden. Noch besser ist es, wenn man dem Sommelier gleich zu Beginn mitteilt, welchen Budgetrahmen man vorgesehen hat. Nicht selten sind große, von Experten zu Recht hoch bewertete Weine singuläre Geschmackserlebnisse, die als Speisenbegleiter dann aber gar nicht so eine gute Figur machen. Gute Sommeliers kennen nicht nur ihre Weine, sondern auch den Stil der Speisen. Man sollte daher den Empfehlungen vertrauen und davon ausgehen, dass gute Sommeliers ihre Gäste nicht mit teuren Weinen abzocken. Im Idealfall findet man gemeinsam einen kostengünstigen, bislang noch nie getrunkenen Wein, der Trinkspaß bereitet und natürlich auch gut mit dem Essen harmoniert.

Sommelier

Muss man in guten Restaurants unbedingt eine ganze Flasche Wein bestellen?

Nein. Für viele Sommeliers ist es sogar eine erfrischende Herausforderung, ihre Gäste mit glasweise ausgeschenkten Weinen durch den Abend zu begleiten. Fragen Sie daher ganz einfach nach einem individuell abgestimmten Weinprogramm.

Sorbet

Was ist der Unterschied zwischen Sorbet, Granité und Parfait?

Mit Sorbet bezeichnet man ein schwach gefrorenes, möglichst luftig-leichtes Speiseeis aus pürierten Früchten, Säften, Alkoholika, Kräutern, ja sogar aus Gemüse. In der feinen Küche wird ein Sorbet gerne als neutralisierende Speise zwischen Fisch- und Fleischgang gereicht. Sorbets werden in der Regel in der Eismaschine hergestellt. Das Granité hingegen wird unter öfterem Durchrühren im Tiefkühler produziert, wodurch es eine wesentlich gröbere Konsistenz aufweist. Und unter Parfait versteht man eine nicht zu hart gefrorene Zucker-Eidotter-Masse mit den verschiedensten Aroma-Rohstoffen, die man auch aus der klassischen Eiserzeugung kennt.

Spaghetti essen

Wie isst man Spaghetti korrekt und manierlich?

Südländer und Könner beherrschen die stilgerechte Wickeltechnik mit der Gabel allein. Sie drehen die entsprechende Menge Nudeln so lange am Tellerrand um die Gabel, bis sich die Nudeln gezähmt ihrem weiteren Schicksal fügen. Das ist auch die absolut korrekte Art, um Pasta zu essen. Einige Saucenspritzer sind bei dieser Methode durchaus einkalkuliert, weshalb viele auch meinen, dass das Wichtigste beim Essen von Spaghetti eine genügend große Serviette ist.

Wer Angst um seine Garderobe hat, agiere mit Löffel und Gabel: Die Gabelspitze in der rechten Hand greift eine kleine Menge Spaghetti auf, hebt sie an und führt sie in den Löffel. Dann dreht man, bis sich die Pasta zu einer mundgerechten Portion um die Gabel gewickelt hat. Gegessen wird von der Gabel, nicht vom Löffel. Wer Nudeln mit dem Messer schneidet, erhält Platzverweis.

Spargel

Isst man Spargel mit Messer und Gabel?

Das ist korrekt. Früher allerdings – bis vor rund 20 Jahren – war der Spargel der Schrecken einer feinen Tischgesellschaft. Das Schrecknis bestand darin, dass man die Spargelstangen von Hand und mit Unterstützung der Gabel an den Mund zu führen hatte. Dann galt es, Bissen um Bissen von der ganzen Spargelstange „unfallfrei“ zu verzehren. Spargel mit Messer und Gabel zu essen war damals strikt verboten. Es gab für diese komplizierte Esstechnik natürlich auch ein eigenes Spar-

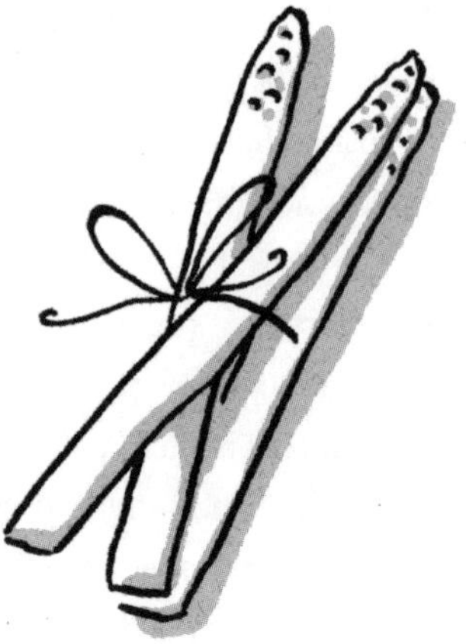

gelbesteck, das ein wenig an ein Mittelding aus Schaufel und Schere erinnerte. So saß man dann also im Restaurant und versuchte, sich auf eine ziemlich unglückliche Art den Spargel „gesellschaftlich korrekt einzuführen".

Spargel

Stimmt es, dass Spargel ein Aphrodisiakum ist?

Die Stangenform macht den Spargel zum Phallussymbol, sein Ruf als angebliches Liebesmittel ist wahrscheinlich deshalb unausrottbar, obwohl er durch nichts beweisbar ist. Hieb- und stichfest ist eigentlich nur die Tatsache, dass reichlich Spargel leicht entwässernd wirkt, was aber auch nicht unbedingt die Libido anregt. Immerhin ist Spargelessen allemal ein lustvolles Vergnügen.

Spargel

Wie lange dauert die Spargelsaison?

Traditionell wird bis zum Johannitag am 24. Juni geerntet. Danach gäbe es zwar auch noch genügend, jedoch müssen sich die Pflanzen ab dieser Zeit regenerieren, um den Bestand für das nächste Jahr zu garantieren. Falls Sie sich den Ernteschluss partout nicht merken können, hilft vielleicht die Eselsbrücke mit einem Saisonobst: „Kirschen rot, Spargel tot."

Spargel

Wieso ist weißer Spargel so ein kostspieliges Gemüse?

Weil der Produktionsprozess enorm mühsam ist. Zwei Jahre lang müssen die Spargelbauern nach dem Einsetzen der Pflanze warten, ehe ein Feld im Ertrag steht. In dieser Zeit muss laufend gedüngt und die Pflanze zurechtgeschnitten werden. Wenn dann endlich geerntet werden kann, so muss dies – wie auch viele andere zuvor angeführten Arbeiten – händisch geschehen. Maschinen würden mehr zerstören als helfen. Je nach Einsatz und Geschick kann eine Arbeitskraft pro Stunde etwa vier Kilogramm Spargel ernten. Dabei geht der Spargelstecher zweimal pro Tag die aufgeschichteten Erdwälle ab und sucht deren Oberfläche nach Wölbungen und Rissen ab, die den bevorstehenden Durchbruch einer Spargelstange ankündigen. In diesem Fall wird die Stange vorsichtig mit den Händen freigegraben und mit einem Spargelmesser in etwa 25 Zentimeter Tiefe abgeschnitten. Danach wird das Erdloch wieder gefüllt, der Erdwall geglättet.

Speiseeis

Wer hat das Speiseeis erfunden?

Die eisige Erfolgsstory nahm ihren Anfang in Asien. Schon vor 2.500 bis 3.000 Jahren genossen die Chinesen geeiste Süßspeisen und Getränke. Ein Genuss für Privilegierte: Schließlich mussten zu diesem Zweck gigantische Eis- und Schneelager angelegt und der coole Stoff dann auch noch in die jeweiligen Herrscherresidenzen gebracht werden. Richtig populär wurde die Kunst des Herunterkühlens von Fruchtsirup in Europa erst im 13. Jahrhundert, und zwar durch ein Rezept, das Marco Polo aus China mitbrachte. (Der Mann hatte angeblich doch noch etwas im Gepäck. – Ach ja, die Pasta ...)

Dass in Österreich und Deutschland derartig viele Italiener einen Eissalon führen, hat neben aller Historie einen ganz profanen Grund. Als in Venetien durch die Industrialisierung immer mehr Fabriken sperren mussten, verlegten sich die Arbeitslosen aus den Dolomitentälern auf die Speiseeisproduktion und fuhren zu diesem Zweck für den Sommer über die Alpen. Viele machten ein kleines Vermögen, das sie dann später in eigene Eissalons investierten.

Speisenfolge

Ist ein üppiges Dinner am Abend eigentlich gesund?

Es steht zu befürchten, nein. Allerdings wird sich ein Gourmet nur schwer an die Empfehlungen von Gesundheitsaposteln halten können, die gerne das Abendessen streichen und stattdessen Frühstück und Mittagessen favorisieren. Ein üblicher Business-Lunch umfasst mit gutem Grund drei, in seltenen Fällen auch vier Gänge. Schließlich hat man auch danach noch etwas zu tun. Mehr Nahrungs- und Weinaufnahme würde unweigerlich mit der notwendigen Umarmung eines Polsters enden. Darum bleibt für das genussvolle Schwelgen in einem großen Menü eben nur der Abend.

Speisenkarte

Muss ein Lokal eine Speisenkarte haben?

Ja. Auch wenn die besten Empfehlungen oft von den „lebenden Speisenkarten“, sprich Kellner oder gar Küchenchef, kommen. Das Aufliegen oder Aushängen einer Speisenkarte ist Pflicht, weil nur so der gesetzlichen Preisauszeichnungspflicht Folge geleistet werden kann.

Speisenkarte

Warum bekommen Damen in Nobelrestaurants Speisenkarten ohne Preisangabe?

Die so genannten Damenkarten sind im Aussterben begriffen, man findet sie lediglich in Institutionen, die sich in keiner Weise um aktuelle Gastronomieströmungen kümmern. Diese Häuser zeichnen sich weniger durch imposante Qualität aus, in jedem Fall ist die Rechnung bemerkenswert, weshalb diese von Spöttern auch „la douloureuse", die Schmerzensreiche, genannt wird. Warum man allerdings heutzutage den Damen den Anblick von grotesk hohen Preisen ersparen will und muss, ist nicht einsehbar. Ein Appell an die Damen: Bekämpfen Sie die sinnlose Damenkarte, indem Sie deren Annahme empört verweigern.

Stäbchen

Wie benutze ich Stäbchen richtig?

Mit Stäbchen zu essen ist gar nicht so schwierig. Immerhin schafft das der ganze asiatische Kontinent. Nehmen Sie ein Stäbchen in die rechte Hand, legen Sie ein Ende in die Mulde zwischen Daumen und Zeigefinger. Legen Sie es dann auf den Ringfinger. Dort sitzt nun dieses Stäbchen während der ganzen Mahlzeit unverrückbar fest. Das zweite Stäbchen nimmt man nun mit der Spitze ebenfalls zwischen Daumen und Zeigefinger und legt es parallel zum ersten Stäbchen, sodass die beiden Stäbchenspitzen wie ein Greifer zu benutzen sind. Wichtig: Das zuerst beschriebene Stäbchen bleibt immer an seinem Platz liegen, während mit dem beweglichen Stäbchen das Essen aufgenommen und gehalten wird.

Übung macht dabei klarerweise den Meister. Speziell weniger Geübte sollten präventiv einen Bogen um wunderschön anzusehende Stäbchen aus Metall, Keramik und ähnlichen edlen Werkstoffen machen. Im Gegensatz zum schnöden Wegwerfstäbchen aus Holz bieten die Edelstäbchen durch ihre Glattheit kaum Halt,

was eventuell in einer fatalen Rutschpartie endet.
Und wer sich mit der ganzen Sache gar nicht anfreunden kann, darf durchaus „europäisches“ Essbesteck verlangen.

Strauß

Wie viel wiegt ein Straußenei?

Etwa 1,5 Kilogramm. Punkto Zusammensetzung und Geschmack ähnelt es einem normalen Hühnerei und kann auch so verarbeitet werden. Eher nach Rindfleisch schmeckt das Straußenfleisch, das übrigens nicht aus Südafrika importiert wird. Die Straußenzucht ist in Mitteleuropa seit BSE zu einem rentablen Geschäft geworden.

Suppe

Darf man Suppe auch trinken?

Ja, aber nur dann, wenn die Suppe in einer Tasse serviert ist. In diesem Fall kann man beispielsweise die Einlage aus einer Bouillon herauslöffeln und die verbliebene Flüssigkeit aus der Tasse trinken.

Suppe

Was ist der Unterschied zwischen einer herkömmlichen Rindsuppe und einer Consommé?

Das Verhältnis von Wasser und Fleisch beträgt bei der klassischen Rindsuppe 5:1, bei der Consommé etwa 3:1, weitere einkochende Konzentration nicht ausgeschlossen. Ein wichtiger Unterschied besteht auch in der sorgfältigen Entfettung der Consommé.

Surimi

Woher stammt Surimi ursprünglich?

Aus dem Labor. Surimi ist eine Erfindung der japanischen Fischindustrie, wofür vorwiegend Fleisch vom Alaska-Pollack verarbeitet wird. Auch Krabbenfleisch sowie all das, was bei der Hochseefischerei als unerwünschter Beifang ins Netz geht, kommt oft und gerne dazu. Der eher magere Fisch wird gewaschen und so lange durch die Mangel gedreht, bis auch die letzte Gräte aufgegeben hat. Mit allerlei chemischen Zugaben – angefangen von Zucker und Salz bis zu Polyphosphat, Hühnereiweiß und Stärke – wird die Masse in die jeweils gewünschte Form gebracht und tiefgefroren. Man wähle entweder Surimi-Stäbchen, Surimi-Garnelen, Surimi-Ringe oder auch imitierte Hummerscheren. Praktischerweise ist die Grundmasse so gut wie geschmack- und geruchlos. Sie essen so etwas nicht? Wirklich noch nie das Sushi gegessen, das von einem so schmucken wie ominösen weißen Stäbchen mit knallroter Oberfläche geziert wird? Ja, was könnte denn das gewesen sein?

Sushi

Muss man Sushi unbedingt mit Stäbchen essen?

Nein. In Japan ist es durchaus schicklich, Sushi mit den Fingern zu essen. Das ist auch der Grund für die Beliebtheit aller Sushiarten, die mit Algen, dem so genannten Nori-Blatt, umwickelt sind: So macht man sich beim Essen nicht die Hände schmutzig.

Süßholz

Kann man in der Küche tatsächlich Süßholz raspeln oder ist das nur eine Redewendung?

Nur zu, gehen Sie in den nächsten Asia-Shop und raspeln sie los. Die Süßholzwurzel schätzt man in China sowohl als Arznei wie auch als Würze für Fleischgerichte. Süßholz wird in Europa meist getrocknet verkauft, seltener auch frisch. Frisch kann man die Wurzel genussvoll kauen. Manchmal wird auch der eingedickte Saft von Süßholzwurzeln angeboten, eine natürliche Alternative zu sonst üblichen Zuckerersatzstoffen.

Tabasco

Woraus besteht Tabasco?

Tabasco wird aus Chilischoten produziert und sorgt daher schon tröpfchenweise für enorme Wirkung. Die Sauce wurde erstmals irgendwann in den sechziger Jahren des 19. Jahrhunderts in Amerika zusammengemixt. Die damalige Rezeptur ist im Grunde auch heute noch gültig: Chilischoten zerstoßen und einsalzen. Diese Mischung dann mit Branntweinessig versetzen und am besten drei Jahre durchziehen lassen.

Teller

Seit wann essen die Menschen von Tellern?

Seit dem Mittelalter. Davor diente zumeist ein flaches Brotstück als Unterlage für Braten und Gemüse. So war es auch in römischen Haushalten üblich, wo das Brot danach an die Armen weitergegeben wurde. Ende des 15. Jahrhunderts besaß bereits jeder wohlhabende Haushalt aus Edelmetall gearbeitete Teller.

Teller

Wozu ist im feinen Restaurant an jedem Platz ein leerer Teller eingedeckt?

Das ist im Grunde purer Luxus, der lediglich dazu dient,

dass kein Gast vor dem nackten Tischtuch sitzen muss. Der so genannte Platzteller wird je nach individuellem Hausbrauch bereits nach dem Amuse gueule oder auch erst nach dem Hauptgang entfernt. Wenn der Platzteller aus Metall gearbeitet ist, liegt meistens noch ein Tuch darüber, sonst klappern die darauf gesetzten Teller zu laut.

Tischmanieren

Wie sehr haben Tischmanieren auch im privaten Rahmen ihre Gültigkeit?

Wer daheim prinzipiell stehend aus dem Kühlschrank schlingt, wird den genussvollen Umgang mit Messer, Gabel & Co erst recht im Restaurant nur halbherzig pflegen. Tischmanieren sind nicht dazu da, um jemanden mit sinnlosen Regeln zu kasteien, sondern um ein so zivilisiertes wie genießerisches Miteinander zu ermöglichen. Klar ist, dass beim familiären Abendessen der Tisch nicht zwingend mit Stoffservietten und dem dünnsten Porzellan gedeckt sein muss. Doch mit den Fingern essen, die Zähne mit einem Zahnstocher bearbeiten oder das Servierte am Teller zu Matschhaufen verunstalten, das ist eine große Missachtung gegenüber allen anderen Anwesenden. Dazu kommt folgende Überlegung: Wenn schon der Alltag ein kleines Fest ist, wie toll ist dann erst ein Fest . . .

Tischmanieren

Darf man zu essen beginnen, wenn die Kellner noch nicht allen einen Teller serviert haben?

Nein, und wenn der Lammrücken kalt wird. Solange nicht alle etwas zu essen haben, darf keiner in einer Tischrunde mit dem Essen beginnen. Auch dann gilt übrigens das Prinzip „ladies first".

Trinkgeld

Wie viel Trinkgeld ist angemessen?

In manchen Ländern wie etwa Amerika leben die Kellner von ihrem Trinkgeld und bekommen darüber hinaus vom Restaurantbesitzer kein Honorar. Dieser Umstand ist auf der Rechnung vermerkt und als Gast sollte man bis zu 15 Prozent der Rechnungssumme als „Servicecharge" dazurechnen. Anders verhält sich die Sachlage in Mitteleuropa, wo die Servicemitarbeiter angestellt sind und die Karte von Inklusivpreisen kündet, Steuern und Service also inbegriffen sind. Trinkgeld zu geben ist Tradition, wobei es aber mehr als ein Dankeschön für außergewöhnliche Dienstleistungen zu verstehen ist und nicht als verpflichtender Obolus nach amerikanischem Vorbild. Im Normalfall gelten fünf bis zehn Prozent der Rechnungssumme als angemessen.

Trinkgeld

Wie berechnet man das Trinkgeld bei sehr hohen Rechnungssummen?

In einem solchen Fall wäre eine prozentmäßige Berechnung unverhältnismäßig hoch. Man sollte die Summe entsprechend runden und dabei bedenken, dass überhöhte Trinkgelder einen unpassend prahlerischen Eindruck machen. Was nur wenige wissen: In vielen Restaurants kommt das von allen Kellnern entgegengenommene Trinkgeld in einen Topf und wird dann nicht nur unter den Serviceleuten, sondern – nach einem festgelegten Schlüssel – auch unter den Mitarbeitern in der Küche aufgeteilt. Das sollte niemanden davon abhalten, für besondere Küchenleistungen auch einmal einen besonderen Bonusbetrag zu entrichten.

Trüffeln

Wird Trüffelöl aus Trüffeln gemacht?

Nein, in der Regel bekommt man im Handel für viel Geld eine im Grunde zweifelhafte Mischung aus eher geschmacksneutralem Öl und einem künstlich hergestellten, nach Trüffeln schmeckenden Aromastoff. Köche, die ihre Speisen in der Trüffelsaison in verschwenderischem Ausmaß mit derlei Öl benetzen, können nicht reinen Gewissens behaupten, dass ihnen das Endergebnis zur Ehre gereicht.

Trüffeln

Sind Schweine oder Hunde die besseren Trüffelsucher?

Die beste Spürnase haben Schweine, weil Trüffeln einen Sexuallockstoff enthalten, der dem Liebesparfüm des Ebers in der Brunft entspricht. Der Nachteil: Wenn Miss Piggy eine Knolle aufspürt, bereitet ihr das sozusagen ein saumäßiges Vergnügen und viele der teuren Knollen verschwinden im Schweinebauch, ehe der Trüffelsucher zugreifen kann. Deshalb setzt man mehr und mehr auf Hunde, die beim Aufspüren ebenso talentiert sind und dazu noch über einen unschätzbaren Vorteil verfügen: Der intensiv duftende Bodenschatz lässt sie etwa so kalt wie eine Hundeschnauze. Hundsgemein kann man die Tatsache finden, dass Trüffeln so teuer sind. Alle Versuche, die Edelpilze im größeren Stil zu züchten, schlugen bisher fehl.

Trüffeln

Was ist der Unterschied zwischen weißen und schwarzen Trüffeln?

Nur weiße Trüffeln, die besten kommen aus der Gegend rund um Alba im Piemont, besitzen jenes verführerische, alles übertönende Odeur, das in fein gehobeltem Zustand ein unvergleichliches Aroma zwischen feuchter Erde und würzigem Blauschimmelkäse entwickelt. Weiße Trüffeln sind im Grunde Fastfood: Auf den Hobel legen, los geht's, dazu passen Nudeln oder Kartoffelpüree. Differenzierter muss man die Sache mit schwarzen Trüffeln angehen. Sie entwickeln zumeist erst in aufwändigeren Kreationen ihren ganzen Charme. Weil das Leben im Grunde fair ist, sind schwarze Trüffeln für Köche auch nicht ganz so teuer. Um nicht nur unterirdische Feuchtigkeit zu schmecken, sollte man den günstigen Sommertrüffeln aus Mitteleuropa ebenso aus dem Weg gehen wie der afrikanischen Kalaharitrüffel. Schade ums Geld.

Trüffeln

Manche Trüffeln sind süß ...

Obwohl die meisten Feinschmecker bei Trüffeln an den sündhaft teuren Speisepilz aus dem Piemont denken, bekommen wissende Naschkatzen gleichfalls glänzende Augen. Denn als Trüffeln werden auch äußerst empfindliche Pralinen bezeichnet, die frisch aus Schokolade, Butter, Obers und entsprechenden Aromen zubereitet werden und daher nur begrenzt haltbar sind.

Waller

Warum haben manche Waller (Welse) ein gelblich-rötliches Fleisch?

Der größte europäische Süßwasserfisch (angeblich wird er bis zu drei Meter lang und 200 Kilogramm schwer) hat normalerweise schneeweißes Fleisch. Allerdings gibt es auch eine Unterart der delikaten und fast grätenfreien Riesen, die so genannten Zwergwelse. Die aus Nordamerika stammende Fischart ist äußerlich wie auch geschmacklich mit ihrer europäischen Verwandtschaft ident, mit dem einzigen Unterschied der gelblich-rötlichen Fleischfärbung.

Wan-Tan

Woraus werden Wan-Tan-Blätter hergestellt?

Aus Reisteig. Mit Wan-Tan bezeichnet man die aus Südostasien stammende Methode, eine ganz besonders leichte Umhüllung für Füllungen aller Art zurechtzuformen.

Wartezeit

Wie viel Zeit zwischen den einzelnen Gängen ist akzeptabel?

Im Normalfall sollte ein eingespieltes Küchenteam alle 20 bis 30 Minuten einen Gang servieren. Die Zeit richtet sich aber nicht nur nach dem aktuellen Arbeitsaufkommen in der Küche, sondern auch nach dem Esstempo der Gäste oder speziellen Wünschen. Sollten – unbeabsichtigt – mehr als 30 Minuten zwischen den Gängen verstreichen, ist eine Urgenz durchaus in Ordnung.

Wein dekantieren

Manchmal werden im Restaurant auch Weißweine dekantiert. Verlangen das nur Weinsnobs?

Gehaltvolle Weiße zu dekantieren macht durchaus Sinn. Auch die Produzenten selbst empfehlen dies manchmal. Es gibt hauptsächlich zwei Gründe, warum man Wein vor dem Einschenken in eine Karaffe umfüllt. Erstens soll vermieden werden, dass eventuell vorhandenes Depot ins Glas gerät. Zweitens soll der Wein dadurch Luft holen können und ausdrucksstärker werden. Letzteres ist beim Dekantieren von mächtigen Weißweinen mit entsprechendem Alkoholgehalt und Extrakt eindrucksvoll zu beobachten. Banaler – aber nicht zu unterschätzender – Nachsatz: Weißweine nur in solche Karaffen umfüllen, die man problemlos kühlen kann.

Wein dekantieren

Wie lange vor dem Servieren soll Wein dekantiert werden?

30 Minuten Belüftung sind die Regel für jene Weine, die man nicht gerade jeden Tag trinkt, deren tatsächliche Performance man also nicht kennt. Zu langer Luftkontakt wird von manchen altersschwachen Kreszenzen mit diffuser Flauheit quittiert. Vergleichsverkostungen haben ergeben, dass man auch manchen jungen Weinen gar nichts Gutes tut, wenn man sie dekantiert.
Piemontesische Methusalems, die erst nach acht Stunden Luftzufuhr zögerliche Audienzen hinsichtlich ihres Geschmacksbildes gewähren, sind rare Ausnahmen und ein Geduldspiel für sich. Zu bedenken ist auch, dass große Weingläser nochmals für Luftkontakt sorgen. Durchaus Sinn machen auch verschließbare Karaffen, um im Fall des Falles eine drohende Oxidation wieder einzudämmen.

Weindepot

Kann man das so genannte Weindepot, also den eher trüben Flaschenrückstand vor allem bei Rotwein, trinken?

Auch wenn manche die Sache wenig appetitlich finden: Ja. Die winzigen, an Sand erinnernden Rückstände – Bakterien, Gerbstoffe, Farbstoffe oder abgestorbene Hefe – sinken während der Flaschenreifung zu Boden, sind allerdings in der Regel kein Wein-, sondern eher ein „Schönheitsfehler“. Diese Partikel sind voll mit Geschmacksstoffen, die den Wein im Idealfall zum Kraftlackel machen. Manche Bouteillen bringen es auf etwa zwei bis drei Esslöffel Depot, was auch bekannte Weinkritiker in Verzückung bringt. Sie geben in der Regel für diesen aromatischen Schwemmsand den einen oder anderen Zusatzpunkt. Allerdings darf eines auf keinen Fall passieren, um nicht als halb gebildeter Angeber in Sachen Wein dazustehen – im Restaurant lautstark zu verlangen, dass man das Depot der zuvor dekantierten Flasche nachträglich zu verkosten gedenkt.

Weinflaschen

Was versteht man im Zusammenhang mit Wein unter „fiasco"?

Damit ist die traditionelle, mit Bast umflochtene bauchige Flasche für einfachen Chianti gemeint. Brauchbare Weine aus dieser eher für den Souvenirhandel gedachten Verpackungsform sind unwahrscheinlich. Nomen ist eben omen ...

Weinflaschengrößen

Was soll man sich unter einer Flasche Methusalem vorstellen? Etwa eine betagte und zerbrechliche Bouteille?

Zerbrechlich und betagt mag manchmal stimmen, Bouteille ist eine Methusalem allerdings keine. Vielmehr ist damit eine Sechs-Liter-Flasche für Champagner gemeint. In der Weinwirtschaft gilt weltweit die Bouteille mit 0,75 Liter Inhalt als Standardflasche. Davon ausgehend, gibt es verschiedene Flaschendimensionen. Damit die Sache nur ja nicht zu übersichtlich ist, werden die Flaschen in Frankreich (und die Grande Nation ist in dieser Hinsicht nun einmal Maß aller Dinge) je nach Weinregion zum Teil unterschiedlich benannt.

Flascheninhalt	Bordeaux	Champagne und Burgund
0,375 l (halbe Flasche)	Demi-Bouteille	Demi-Bouteille
0,75 l (1 Flasche)	Bouteille	Bouteille
1,5 l (2 Flaschen)	Magnum	Magnum
2,25 l (3 Flaschen)	Marie-Jeanne	wird nicht gefüllt
3 l (4 Flaschen)	Doppelmagnum	Jeroboam
4,5 l (6 Flaschen)	Jeroboam	Rehoboam
6 l (8 Flaschen)	Impériale	Methusalem
9 l (12 Flaschen)	wird nicht gefüllt	Salmanasar
12 l (16 Flaschen)	wird nicht gefüllt	Balthasar
15 l (20 Flaschen)	wird nicht gefüllt	Nebukadnezar

Warum kaum ein Weinproduzent eine 0,5-Liter-Flasche befüllt, die wohl am besten dem moderaten Trinkverhalten eines Paares im Restaurant entspricht, ist eine der vielen ungelösten Fragen in der weiten Weinwelt. Die profanste aller Antworten: Wahrscheinlich will niemand in neue Abfüllanlagen investieren.

Weinflaschengrößen

Wozu füllt man Wein in riesige Flaschen?

Je größer die Flasche, umso langsamer reift der Wein, weil er durch das Füllverhältnis praktisch keinen Kontakt mit Sauerstoff erhält. Der Wein bleibt also viel länger jung, zeigt ungleich später die ersten Alterserscheinungen. Für Sammler von Bordeauxweinen ist eine gereifte Impériale das ultimative Weinerlebnis.

Was man beim Trinken berücksichtigen sollte: Große Flaschen sind enorm kompliziert im Handling. Eine Jeroboam lässt sich nur zu zweit sicher dekantieren, dazu braucht es allerdings auch geeignete Karaffen. Riesige Champagnerflaschen taugen in erster Linie für Werbezwecke.

Weingläser

Bei Weinproben wird manchmal zu Beginn etwas Wein in die Gläser gegossen und mit Schwenkbewegungen nach und nach durch alle Gläser gegossen. Was soll das bewirken?

Qualitativ hochwertige Gläser sind aus Bleikristall gearbeitet. Dieses ist, für das Auge unsichtbar, porös. An diesen Unebenheiten können die einzelnen Aroma- und Geschmacksstoffe des Weines optimal anhaften, wodurch sich der Gesamteindruck verstärkt.

Beim Waschen und späteren Polieren der Gläser können aber auch minimale Spülmittelreste hängen bleiben, die den Genuss erheblich beeinträchtigen können. Mit dem Durchspülen der Gläser, man nennt dies in der Fachsprache Vinieren, soll dies ausgeschlossen werden.

Weinhandel

Was bedeutet, einen Wein zu subskribieren?

Darunter versteht man den Kauf von hochwertigen Bordeaux-Weinen, die sich noch im Fass befinden. Die so genannten En-primeur-Käufe haben in erster Linie den Grund, sich rechtzeitig das Kontingent eines raren Weines relativ preisgünstig zu sichern. Aber nicht nur bei großen Namen à la Lafite, Latour, Mouton & Co macht diese Strategie Sinn, auch weniger prominente und nicht ganz so kostspielige Weine in Subskription zu erstehen kann zu erfreulich niedrigen Preisen führen. Gewöhnlich werden die jeweiligen En-primeur-Preise kurz nach Bekanntwerden der Fassproben-Verkostungsergebnisse relevanter Weinkritiker à la Robert Parker festgelegt. Je nach Nachfrage zahlt man zu diesem Zeitpunkt einen Preis, der oft deutlich unter jenem liegt, wenn der Wein zwei Jahre später auf Flasche gefüllt in den Handel kommt. Was dabei zu bedenken ist: Zahlen muss man bei En-primeur-Käufen sofort, den Wein erhält man klarerweise erst zum Zeitpunkt der offiziellen Erstauslieferung. In manchen Jahren ist die Preisersparnis sehr groß, manchmal allerdings auch äußerst bescheiden. Gerade in wirtschaftlich nicht so rosigen Zeiten kommt dazu auch noch das Risiko, dass ein am Subskriptions-Geschäft beteiligtes Unternehmen Pleite geht und man so den bereits bezahlten Wein womöglich gar nicht oder nur mit ziemlichen Problemen erhält.

Weinkork

Was ist passiert, wenn der Korken ein wenig aus der Weinflasche steht?

Dafür gibt es eine Menge Ursachen, die von der Füllung über den Transport bis zur Lagerung bei zu hohen Temperaturen reichen können. In jedem Fall ist es kein gutes Zeichen, wenn der Korken aus der Flasche getrieben wird, und man sollte solche Weine vorsichtshalber nicht kaufen. Es ist eine Ironie des Schicksals, dass derartige Probleme eher bei Produkten auftreten, die möglichst schonend behandelt wurden (beispielsweise nicht filtriert oder gar pasteurisiert), um ein facettenreiches

Aroma zu erhalten. Bei falschen Lagerungsbedingungen beginnt der Wein möglicherweise wieder „zu leben“, expandiert in der Flasche. Die zugegebenermaßen nicht sehr tröstliche Conclusio: Nur halb tote – sprich: mit allen möglichen Haltbarkeitsmaßnahmen behandelte – Weine sind punkto Lagerung genügsam bis anspruchslos.

Weinproduktion

Was hat die richtige Wahl der Hefe mit Wein zu tun? Ist Hefe nicht nur im Bier wichtig?

Winzer brauchen Hefe, um den Gärungsprozess in Gang zu bringen. Man kann dafür spezielle regionale oder im eigenen Betrieb kultivierte oder auch von der Industrie angebotene Hefen verwenden, die zumeist eine möglichst rasche und komplette Vergärung unterstützen. Kritiker meinen, die Verwendung der industriellen Hefekulturen habe weltweit zum Phänomen der Geschmacksvereinheitlichung geführt. Ein Chardonnay aus Neuseeland schmecke demnach ähnlich vergleichbaren Chardonnays aus Italien, Australien oder Kalifornien. Um Individualität bemühte Winzer pflegen daher mit Stolz ihre eigenen Hefestämme. Das interessierte Publikum ist dankbar für dieses den Smalltalk bereichernde Thema: „Der Winzer hat den Wein mit wilder Saccharomyces ellipsoideus zum Gären gebracht. – Das schmeckt man doch.“

Weinproduktion

Werden für das so genannte Toasting eines Weines die Trauben angeröstet?

Auch wenn es manchmal so schmeckt, nein. Vielmehr

werden die einzelnen Fassdauben für ein Holzfass über offenem Feuer angeröstet, also getoastet. Dadurch wird die Beschaffenheit des Holzes so verändert, dass der im fertigen Fass gelagerte Wein den jeweils erwünschten Barriqueton erhält. Winzer unterscheiden zwischen drei verschieden starken Toastingstufen. Je weniger das Holz angeröstet ist, umso mehr werden Tannine und andere Geschmacksstoffe vom Holzfass auf den Wein übertragen. Leicht getoastete Rotweine besitzen durchaus noch den natürlichen Fruchtcharme der Trauben. Starke Toastings überdecken diese Frucht schon ziemlich, dafür treten Aromen wie Kaffee, Schokolade, Vanille oder auch Ingwer und Muskatnuss in den Vordergrund.

Weinproduktion

Was verändert sich beim Wein, wenn der Winzer einen biologischen Säureabbau durchführt?

Dabei wird die im Wein enthaltene und ziemlich scharf wirkende Apfelsäure durch den Zusatz von Bakterien in die milder wirkende Milchsäure umgewandelt. Der Wein ist danach nicht mehr so von Säure dominiert. In Verkostungsnotizen liest man dann auch oft von „buttrigen Noten“, weil im Wein tatsächlich eine milchige Geschmacksnote festgestellt werden kann.

Weinproduktion

Stimmt es, dass manche Rotweinproduzenten den Traubenmost vor der Vergärung künstlich konzentrieren?

Ja. Die Methode ist relativ neu, doch in Fachkreisen nicht unumstritten. Vereinfacht gesagt, wird der Traubenmost unter Vakuumatmosphäre auf etwa 20

Grad erwärmt. Im luftleeren Raum verdampft das im Most enthaltene Wasser bereits bei dieser niedrigen Temperatur. Daher sollen bei diesem „kalten Einkochen" keinerlei Geschmackssubstanzen verloren gehen. Das ganze Verfahren ist ziemlich kostspielig. Spötter meinen, dass man eben nur dort Rotwein machen sollte, wo regelmäßig die Sonne scheint.

Weinreife

Stimmt es, dass man einen Frevel begeht, wenn man anerkannt gute Weiß- und Rotweine kurz nach Flaschenfüllung trinkt?

Unsinn. Wein sollte man dann trinken, wenn er gut schmeckt. Und das ist bei vielen Weinen durchaus schon in ihrer Jugend der Fall. Junge, gehaltvolle Weine, die das Potenzial für längere Lagerung besitzen, bezaubern oft mit üppigen Aromen und hinreißender Frucht. Natürlich kann ein Wein über die Jahre noch an Facettenreichtum zulegen oder sich zu seinem Vorteil verändern. Die Säure ist dann wahrscheinlich besser eingebunden, die harten Tannine eines Rotweins sind später nicht mehr so ausgeprägt. Oft aber überleben Weine nur wenige Jahre Lagerung, wobei die Betonung auf dem Überleben liegt und nicht als Empfehlung für übermäßige Einlagerungsaktivitäten gilt.

Sich deshalb um das Vergnügen des Trinkens von jungen Weinen zu bringen wäre unnötige Selbstkasteiung. Die Mär, dass ein Wein nur dann wirklich als bedeutend zu gelten hat, wenn er zumindest vier Jahrzehnte überlebt hat, wurde von britischen Weinsammlern in die Welt gesetzt, die offenbar übervolle Keller besaßen. Man sollte es lieber den meisten Winzern gleichtun, die für den privaten Bedarf maximal ein Drittel ihrer Weine länger lagern, den Rest im Laufe von drei bis fünf Jahren nach Flaschenfüllung konsumieren.

Weinservice

Warum stellt der Kellner nach Öffnen der Flasche den Weinkorken auf einem kleinen Teller auf den Tisch?

Die Etikette verlangt dies als zusätzlichen Beweis dafür, dass es sich tatsächlich um den bestellten Wein handelt. Die meisten Weingüter haben auf dem Korkbrand ja nicht nur ihren Namen, sondern auch den jeweiligen Jahrgang vermerkt. Am Korken zu riechen macht wenig Sinn, weil dies kaum jemals einen möglichen Weinfehler signalisiert. Da hilft nur das Verkosten selbst.

Sind Kellner, die häufig Wein nachschenken, nur Abzocker, die wollen, dass man mehr trinkt?

Mag schon sein, dass man einen derartigen Eindruck gewinnen kann, in Wahrheit aber sollte ein Weinglas stets nur zu einem Teil gefüllt sein, damit sich das Bukett optimal entfalten kann. Häufiges Nachschenken ist dadurch natürlich unabdingbar und als Zeichen für aufmerksamen Service zu werten. Nebenbei bemerkt: Man muss ja nicht alles sofort trinken, was eingeschenkt wird.

Weinstein

Woraus besteht eigentlich Weinstein?

Die hellen Kristalle, die sich während der Lagerung von Weißwein bilden können, entstehen durch eine Verbindung aus Säuren – speziell Weinsäure – mit Kalium oder Kalzium. Weinstein hat keinen negativen Einfluss auf den Wein, ihn zu trinken bringt allerdings keinen zusätzlichen Genuss.

Wein trinken

Wie viel Grad sind mit dem Begriff Zimmertemperatur gemeint?

Wenn es um behagliche Wohnwärme geht, so etwa 22 Grad. Wenn es um Rotwein geht, wäre das eindeutig zu warm. Der Begriff Zimmertemperatur stammt aus einer Zeit, als in mitteleuropäischen Stuben 16 bis 18 Grad Standard waren. Und das ist auch die ideale Trinktemperatur für Rotwein. Mit mehr als 20 Grad getrunken, wirken die Aromen des Rotweins nur noch sehr flach und diffus, der Alkohol drängt scharf und unangenehm in den Vordergrund. Junge, spritzige Rotweine wie etwa Beaujolais schmecken noch kühler am besten, und zwar mit etwa 14 Grad.

Wein trinken

Muss Weißwein immer eiskalt serviert werden?

Nein. Immer noch findet man in vielen Fachbüchern den Ratschlag, Weißwein mit 6 bis 8 Grad zu servieren. Um die Aromen eines Weines auszukosten, ist das schlicht und einfach zu kalt. Oft sind dann auch kaum sorten-

typische Merkmale zu erkennen. (Das können allerdings viele Koster, auch Fachleute, nicht einmal bei Idealtemperatur ...) Erst ab 12 bis 13 Grad offenbaren sich die einzelnen Geschmackskomponenten von Weißwein, wie etwa Säure, Frucht oder ein Barriqueton. Das führt zu Erkenntnissen jeder Art. Gewiss ist allerdings auch, dass für nicht so gelungene Weine exzessive Kühlung die letzte Chance vor dem Konsumenten ist.

Weinverkostungen

Wie aussagekräftig sind die Weinverkostungsergebnisse von einzelnen Fachzeitschriften und Weinkritikern?

Je größer die Verkostungsrunde, umso anzweifelbarer ist in der Regel das Ergebnis. Das ergibt sich durch den rechnerisch ermittelten Durchschnittswert, wo schon ein einziger, konträr wertender Mitverkoster reicht, um das

Ergebnis komplett zu verwässern. Guter Geschmack hat eben nicht unbedingt etwas mit Demokratie zu tun. Weinbeurteilungen einzelner Weinkritiker oder sehr kleiner Degustations-Teams sind daher in der Regel viel aussagekräftiger, weil dabei die individuelle Charakteristik viel stärker berücksichtigt wird. Diese Weinverkostungen werden entweder offen – man weiß also, welcher Wein probiert wird – oder auch blind, also mit abgedecktem Etikett, durchgeführt. Bei letzterer Methode ist die Chance, dass sich auch einmal ein unbekannter Winzer gegen die arrivierte Konkurrenz durchsetzt, deutlich größer. Aber auch bei offen durchgeführten Weinproben muss man die dabei geübte Objektivität nicht sofort in Frage stellen. Denn viel mehr als ein Etikett wiegen die ganz persönlichen Vorlieben des Verkosters, die in irgendeiner Form immer Einfluss auf die Bewertung haben. Wer als Konsument die Entdeckung macht, dass sich die Meinung eines Verkosters regelmäßig mit der eigenen deckt, sollte diesem Verkoster fortan zum eigenen Vorteil die Treue halten.

Weinwahl

Darf man zu hellem Fleisch nur Weißwein trinken?

Die Farbe des Fleisches ist nur ein Kriterium von vielen für die Weinwahl. Viel wichtiger sind Würzung, Zubereitung, Beilagen und vor allem die Sauce. Solange diese fast ausschließlich auf Béchamel basierte, war sie Geschmacksdiener statt -herr. Heute sind Saucen stark reduzierte, besonders aromareiche Fonds, die Fisch und Fleisch erst den entscheidenden Pfiff geben. Entenbrust,

Freilandhuhn oder Kalbsmedaillons – ohne Sauce sind die Geschmacksunterschiede nicht spektakulär groß. Ebenso ähneln diverse Fischsorten einander wie ein weißes Ei dem braunen. Zugegeben, diese Erkenntnisse helfen bei der Weinwahl vielleicht nicht auf Anhieb weiter, schaffen in jedem Fall aber den Freiraum für jede nur erdenkliche Kombination. Demgemäß sieht daher auch so mancher Fisch gerne rot und es schmeckt auch noch.

Weinwahl

Zumindest einige Anhaltspunkte sollte man doch haben, wenn man Speisen und Wein harmonisch zusammenstellen will.

Anstatt an dieser Stelle Selbstverständlichkeiten wie „trockener Weißwein zu Räucherlachs" zu verbreiten, hier ein kleiner Leitfaden durch die grundsätzliche Harmonielehre des Geschmacks. Die Zunge kann im Wesentlichen vier Geschmackskomponenten unterscheiden. Am Ende der Zunge nimmt man Bitterkeit und adstringierende Geschmackskomponenten wahr. Der äußere Zungenrand schmeckt Salz. Unter der Zunge und am Rand wird die Säure spürbar. Auf der Zungenspitze schmeckt man Süßes. Je nachdem, welche Komponenten überwiegen, sagt der Gaumen „gut" oder „scheußlich".

Kombinationen, die funktionieren:

Säure und Fett: Weinsäure löst fettreiche Speisen auf. Sie wirken bekömmlicher, die Säure des Weines nicht so aggressiv.

Säure und Süße: Fruchtsäuren von Obst verbinden sich perfekt mit Süßweinen. Der Wein schmeckt frischer und fruchtiger.

Süße und Süße: Zeigt sich weniger süß, als es tatsächlich ist. Darum mundet die Trockenbeerenauslese so gut zum Apfelstrudel.
Bitterstoffe (Tannine) und Fett: Neutralisieren einander weitgehend. Junge, unreife Weine werden plötzlich sehr brauchbar (z. B. Rotwein und fettreiche Käse).
Tannine und Röststoffe: Ähnlich wie zuvor. Durch gebratenes und gegrilltes Fleisch und das darin enthaltene Protein präsentiert sich der Wein viel weicher, als er tatsächlich ist.

Was niemals schmecken wird:
Säure und Säure: Summiert sich zu einem metallischen Spektakel zwischen den Zähnen.
Säure und Tannine: Essig oder Zitrone lässt die Gerbstoffe im Wein völlig bitter wirken.
Säure und Salz: Addieren sich auf aggressive Weise.
Bitterstoffe (Tannine) und Säure: Fast unlösbar. Jede Geschmackskomponente wird unangenehm verstärkt.
Tannine und Salz: Unmöglich, harmonieren in keiner Weise.
Tannine und Süße: Schon bei Bitterschokolade scheiden sich die Geister.

Ein Trost zum guten Schluss: Jede misslungene Zusammenstellung ergibt für eine Feinschmeckerrunde ein wunderbares Gesprächsthema.

Wirklich große Weine sind in Wahrheit schlechte Speisenbegleiter ...

Derlei generalisierende Behauptungen sind stets problematisch, ein wenig Wahrheit liegt aber schon drin. Wirklich große Weine im Sinn muskulöser Ausdrucksstärke sind zumeist ein solistisches Erlebnis. So komplex und vielfältig etwa ein majestätischer Bordeaux oder ein wuchtiger australischer Syrah auch sein mag, oft passen dazu nur in der Zubereitung recht simple Speisen, wie Steak oder Lammrücken. Der goldene Mittelweg sind daher nicht die von Weinhändlern und Gourmetmagazinen viel gelobten und hoch konzentrierten „Granaten“, sondern leichtere, aber doch facettenreiche Weine, die zumeist delikate Speisenbegleiter sind und erfreulicherweise auch das Budget nicht zu stark belasten. Demnach könnte eine der vielen in der Gourmetwelt aufgestellten Regeln lauten: Einfache Weine zu komplexen Gerichten, komplexe Weine zu einfachen Gerichten.

Harmonie ist allerdings nur eine Seite der Medaille. Oft lebt das kulinarische Zusammenspiel auch von den Kontrasten. Wer je eine halbtrockene Riesling Auslese zu Wild oder eine Trockenbeerenauslese zu Roquefort-Käse probiert hat, weiß davon ein Loblied zu singen. Ehe Sie nun vor Zorn über die unberechenbaren Geschmacksspiele die Serviette werfen, ein Zwischenruf: Dogmen in der Küche sind nie gut. Wenn Sie abends bei einer Flasche Rotwein relaxen wollen, dann tun Sie es doch, ganz gleich, was Sie essen.

Unterm Strich gibt es wohl genügend gut gemachte Allerweltsweine, mit denen man in ihrer Eigenschaft als brave Speisenbegleiter nicht viel falsch machen kann. Umgekehrt: So wirklich richtig macht man’s damit auch nicht. Nur wer das Mut zum Risiko hat, wird letztlich mit bemerkenswerten Geschmackserlebnissen belohnt.

Weißwein

Warum schmecken manche Weißweine nach Vanille?

Dieses Phänomen tritt meistens bei in Holz ausgebauten Weinen auf, wobei es sich dabei sehr oft um die Rebsorte Chardonnay handelt. Vanillearomen, so sagen die Genussforscher der internationalen Süßwarenkonzerne, gehören bei jedem Menschen von Kindesbeinen an zu den beliebtesten Geruchs- und Geschmacksbildern. Vanilleeis ist weltweit mit Abstand die meistverkaufte Eisvariante. Dazu kommt noch, dass sich der Chardonnay auf Grund seiner Aromatik wie keine zweite Sorte für den Ausbau im Barrique eignet. Es ist wohl jedem Weinfreund schon einmal passiert, einen reinen Edelstahl-Chardonnay versehentlich als Produkt eines Ausbaus im kleinen Eichenfass angesprochen zu haben. Die vanilligen Elemente der Sorte pflegen sich jedenfalls auf das Vortrefflichste mit den ebenfalls vanilligen Aromen des neuen Eichenholzes zu vereinen. Das kann von ganz zart und nur angedeutet bis hin zu richtigen „Vollgas"-Chardonnays gehen, die – meist auch farblich kräftig ins Dunkelgelbe tendierend – riechen und schmecken wie ein Cocktail aus Karamellen (Stollwerck oder englische Butterscotch-Toffees) und Malzbonbons (Kirstein Blockmalz).

Wild

Wie wild ist Wild tatsächlich?

Nicht sehr wild. In ganz Mitteleuropa ist die Wildzucht eine stetig wachsende Branche. Die Tiere, in erster Linie Damwild und Rehe, werden in großen Gehegen gehalten. Das so genannte Gatterwild wird artgerecht aufgezogen und gefüttert. Beim Futter wird angeblich nicht getrickst, weil Futterzusätze teurer kämen als normale Nahrung und beim robusten Wild auch keinen Sinn machen würden. In qualitativer Hinsicht überzeugen bei Zuchtwild vor allem die hygienischen Bedingungen rund um die Schlachtung. Die Wildheit hängt ja schließlich nicht von hohen Keimzahlen ab. Bei der Gelegenheit: Der berühmt-berüchtigte Hautgout, jener scharf-süßliche Verwesungston, der beim längeren Abhängen von Wildbret entsteht und früher als Qualitätsmerkmal galt, ist längst passee. Frische geht auch beim Wildgenuss über alles. Auch der vermeintlich wilde Fasan kommt in der Regel aus der Voliere, was der generellen Qualität leider abträglich ist. Jedes Freilandhuhn schmeckt dagegen vergleichsweise wild.

Wildreis

Ist Wildreis tatsächlich ein Reis?

Nein, bei Wildreis handelt es sich um eine nordamerikanische Grasart, die im Sumpf- und Uferbereich von Süßwasserseen wächst. Die Pflanze erinnert im Aussehen ein wenig an Hafer. Der beste Wildreis wird angeblich nicht mit der Maschine, sondern mit der Hand geerntet. Dabei werden die Halme der bis zu drei Meter langen Wildreispflanze vom Boot aus geschnitten.

Wildromantisch mag für manche auch die Tatsache sein, dass die Handarbeit zumeist von Indianern erledigt wird. Indianische Erzeugergenossenschaften bieten mittlerweile auch Bio-Wildreis an.

Zahnstocher

Wie geht man korrekt mit Zahnstochern um?

Zahnstocher stehen zwar oft am Tisch, verwendet werden sie aber nur dort, wo man mit sich alleine ist. Auf der Toilette zum Beispiel. Das Stochern hinter der hohlen Hand macht die Aktion nur noch auffälliger und würdeloser.

Zigarre

Wie schneide und zünde ich eine Zigarre richtig an?

Alle handgemachten Zigarren müssen, ehe man sie rauchen kann, an ihrem geschlossenen Ende angeschnitten werden. Betrachten Sie die Zigarre genau. Der richtige Punkt für den Schnitt befindet sich ein wenig über der horizontalen Linie, an der die Kappe beginnt. Oft ist das auch jene Stelle, an der sich die Zigarre verjüngt.

Auf diese Art bleibt ein ausreichender Rest des Käppchens auf der Zigarre, wodurch eine Ablösung des Deckblattes vermieden wird. Achten Sie darauf, dass das Schneidewerkzeug (Guillotine oder Schere) so scharf wie möglich ist, und führen Sie den Schnitt möglichst schnell und entschlossen durch. Das Ergebnis muss ein glatter, faserfreier Schnitt sein.

Welchen Schneider Sie bevorzugen, bleibt Ihnen überlassen. Der Sinn des Anschneidens liegt einzig und allein darin, die Einlageblätter der Zigarre freizulegen, damit ein optimales Zugverhalten besteht. Wer zu wenig anschneidet, riskiert einseitiges oder schlechtes Brandverhalten.

Zum Anzünden eignet sich am besten eine geruchlose

Flamme aus einem Gasfeuerzeug oder von einem langen Streichholz. Wachszünder und Benzinfeuerzeuge beeinträchtigen den Geschmack nachhaltig. Vorsicht auch bei Kerzen: Die Zigarre darf nicht mit dem Wachs in Kontakt kommen, außerdem haben manche Kerzen einen minimalen Eigengeschmack.
Nehmen Sie sich für das Anzünden Zeit. Nähern Sie die Zigarre der Flamme bis auf etwa einen Zentimeter. Drehen Sie dabei die Zigarre, damit sich das Brandende gleichmäßig erwärmen kann. Anfangs darf die Zigarre die Flamme nicht berühren, damit das Deckblatt nicht versengt wird. Auf diese Art beginnt die Zigarre ganz langsam von selbst zu glosen.
Achten Sie darauf, dass sich die Glut als gleichmäßiger Aschenring über die gesamte Fläche des Brandendes ausbreitet. Jetzt ist es Zeit für den ersten Zug. Schneller und unkomplizierter geht die ganze Prozedur, wenn Sie nach dem Anwärmen der Zigarre an ihr ziehen, sie dabei gleichzeitig drehen und die Flamme dicht an das Brandende halten. Die Gleichmäßigkeit des Brandes überprüfen Sie, indem Sie sanft in die Glut blasen.

Zigarre

Was tun, wenn eine Zigarre partout nicht zieht?

Man zieht an der soeben angezündeten Zigarre und meint, an einem Bleistift zu nuckeln: Es kommt wenig oder gar kein Rauch, selbst wenn man so heftig daran zieht, dass man einen roten Kopf bekommt. Letzteren hat man allein schon wegen des Ärgers: Die Zigarre ist definitiv nicht rauchbar, ein teurer Fall für den Müll. Dieses Problem taucht in der letzten Zeit immer wieder

bei kubanischen Zigarren auf. Die Gründe dafür sind mannigfaltig und ausschließlich durch die Art der Produktion, weniger durch falsche Lagerung im eigenen Humidor begründet. Einerseits, um die ständig steigende Nachfrage zu befriedigen, andererseits, um möglichst viele Devisen zu erhalten, hat Kuba die Zigarrenproduktion in den letzten Jahren mehr als verdoppelt. Entsprechend viele neue Torcedores, wie man die Zigarrendreher nennt, wurden angelernt, die aber ihr Handwerk erst nach und nach in der Praxis lernten. Da werden schon mal die Zigarren zu fest gedreht, die Einlageblätter mit einem Knick zu viel in die Schablone gepresst. Aber nicht nur dilettantische Handarbeit kann schuld sein, auch die Tabakherstellung selbst ging in den letzten Jahren zu rasch vonstatten. Während früher die Tabakblätter über zwei Jahre bis zu dreimal fermentiert wurden, geschieht dies jetzt zweimal in gerade einmal vier bis fünf Monaten. Das schmeckt dann anders, raucht sich anders. Wegen der anhaltenden Reklamationsflut hört man dem Vernehmen nach auf Kuba erste verhaltene Besserungsgelübde. Bis dahin können verzweifelte Havanna-Aficionados einen unrauchbaren Stumpen nur auf diese Art notbehandeln: Tasten Sie die Zigarre sorgfältig ab und suchen Sie nach auffälligen Verhärtungen. Schneiden Sie, auch wenn es brutal erscheinen mag, die Zigarre dort entzwei. Mit ein wenig Glück hält man so zumindest einen kleinen rauchbaren Teil in Händen.

Zigarre

Stimmt es, dass dunkle Zigarren viel stärker sind als jene mit einem hellen Deckblatt?

Nein. Die Deckblattfarben der Zigarren können von Grün (clarissimo) über Gelbbraun (claro) bis Schwarzbraun (maduro) reichen. Auf Stärke und Charakter der Zigarre haben die durch variantenreiche Fermentationszeiten unterschiedlichen Deckblätter aber keinen Einfluss, dafür ist ausschließlich die Tabakeinlage verantwortlich. Der Rest ist Geschmackssache: Manche Raucher mögen dunkle, andere wiederum helle Zigarren.

Zigarre

Sind dünne Zigarren leichter als dicke?

Ganz im Gegenteil. Grundsätzlich gilt, dass – ungeachtet der Länge – dicke Zigarren zumeist ein volleres, milderes Aroma haben und gleichmäßiger brennen als dünne Formate, die geschmacksdominantere Einlagen besitzen, leicht „heiß“ werden und dann eventuell würzig bis scharf schmecken.

Zigarre

Gibt es einen Zusammenhang zwischen dem Alter des Rauchers und der zu ihm passenden Zigarre?

Keinen zwingenden, obwohl Zino Davidoff, ohne Übertreibung wohl der Schöpfer neuzeitlicher Zigarrenkultur, einen Zusammenhang herzustellen versuchte, indem er meinte, dass die Zigarre zum optischen Erscheinungsbild des Rauchers passen müsse. Stimmt ja auch irgendwie: Kleine, dünne Menschen fallen mit einer mächtigen Double Corona ganz einfach aus dem Rahmen. Man ging sogar so weit, fixe Reglementierungen aufzustellen, indem man das Alter des Rauchers mit dem Ringmaß einer Zigarre kombiniert wissen wollte.

Das international übliche Ringmaß bezeichnet den Durchmesser einer Zigarre. Ein Ring beträgt 1/64 Inch (1 Inch = 2,54 Zentimeter). Der vorhin erwähnten Regel folgend, dürften also 30-jährige Zigarrenraucher gerade einmal zu schlanken Panetelas greifen und müssten 20 Jahre warten, ehe sie mit 50 in den Genuss von Robusto- und Torpedo-Formaten kämen. Kein Wunder also, dass sich dieses Konzept nie durchgesetzt hat. Die meisten Regeln waren dem Genuss immer schon abträglich. Letztlich entscheidet bei der Wahl der passenden Zigarre der eigene Geschmack, die Tageszeit und der Anlass, das vorangegangene Essen und natürlich auch das Budget.

Zigarre

Besteht eine Zigarre aus einer einzigen Tabaksorte?

In keinem Fall. Eine Puro, eine echte, handgemachte, kubanische Zigarre, besteht aus vielen verschiedenen Tabaksorten und drei Grundelementen: Einlage, Umblatt

und Deckblatt (tripa, capote und capa). Die Einlage enthält eine jeweils individuelle Mischung aus Ligero-, Seco- und Volado-Blättern. Diese werden durch das Umblatt zusammengehalten, während das Deckblatt die Zigarre umhüllt und ihr jeweiliges Aussehen bestimmt. Die Zusammenstellung der einzelnen Tabaksorten ist nicht nur für das Aroma, sondern auch für das Brandverhalten der Zigarre verantwortlich, weil die verschiedenen Blätter auch unterschiedlich schnell brennen. Der langsam brennende, aromareiche Ligero-Tabak kommt stets in die Mitte einer Zigarre, während die aromaarmen Volado-Blätter mit besonders guter Brandeigenschaft weiter außen liegen. Kleine, dünne Zigarren enthalten oft gar keine Ligero-Einlage.
Die Behandlung der unterschiedlichen Tabaksorten und deren Mischungsverhältnisse für die einzelnen Marken sind die bestgehüteten Geheimnisse in der Zigarrenbranche. Für den gleich bleibenden Geschmack einer Marke werden daher immer Tabake aus verschiedenen Ernten herangezogen, um so auch in schlechten Jahren konstante Qualität sicherzustellen.

Zigarre

Kann man Zigarren auch im Kühlschrank lagern?

Zigarren sollten idealerweise bei einer Temperatur von 18 bis 21 Grad aufbewahrt werden. Ein, zwei Grad darüber oder darunter sind nicht weiter schlimm. Nur sollte die Temperatur in jedem Fall konstant sein, abrupte Schwankungen sind tunlichst zu vermeiden. Die in manchen Fachbüchern propagierte Methode, Zigarren im Kühlschrank aufzubewahren, ist schlichter Unsinn.

Auf diese Art entzieht man den Zigarren Feuchtigkeit, die Deckblätter werden brüchig und womöglich absorbiert der Tabak auch noch Gerüche von anderen Nahrungsmitteln.
Je nachdem, ob Sie Zigarren lieber ein wenig trockener oder feuchter rauchen wollen, müssen diese bei einer Luftfeuchtigkeit von 65 bis maximal 75 Prozent lagern. Trockenheit fördert die Schärfe und ruiniert letztendlich die Zigarre. Ein Zuviel an Feuchtigkeit lässt sie im schlimmsten Fall schimmeln und schlecht ziehen. Bedenken Sie auch, dass Luftfeuchtigkeit und Temperatur in unmittelbarem Zusammenhang stehen. Je kühler die Temperatur ist, umso schwieriger ist es, die entsprechende Verdunstungsfeuchte zu erzielen. – Ein Umstand, der vor allem bei der Lagerung von Zigarren in einem kühlen Weinkeller zu beachten ist.

Zigarre

Was tun mit in Zellophan verpackten Zigarren?

Das Zellophan soll die Zigarre während des Transports zwischen Fabrik und Händler sowie Händler und privatem Humidor vor Austrocknung schützen. Wer über einen funktionierenden Humidor verfügt, hat also keinen Grund, die Zigarren in der Zellophanhülle zu belassen. Ganz im Gegenteil: Die Verpackung vermindert die Reifefähigkeit und die Aromaentwicklung. Manchmal ist das Zellophan braun gefärbt, weil es die Öle der Zigarre absorbiert. Auf die Qualität hat dies aber keinen Einfluss.

Zigarre

Manche Zigarren sind in Aluminiumhülsen verpackt. Soll man sie auch darin lagern?

Die mit Zedernholz verkleideten Alu-Tubes sind ein behelfsmäßiger Humidor für unterwegs und schützen die Zigarre zumindest für einige Zeit vor Trockenheit. Allerdings verlieren die Zigarren darin fast komplett ihr Bouquet und reifen so gut wie gar nicht. Vergewissern Sie sich auf jeden Fall, ob die Hülse auch ordentlich verschlossen ist, weil die Zigarre sonst komplett austrocknen kann. Selbst renommierte Marken wie Romeo y Julieta setzen auf eine derartige Verpackung und die Qualität kann durchaus überzeugen. Trotzdem sollten Sie nach Möglichkeit auch in Alu-Tubes verpackte Ware aus der Hülle nehmen und ganz normal im Humidor lagern. Das Aroma ist spürbar besser. Eine bemerkenswerte Besonderheit stellt die Konstruktion der „Davidoff Tubos" dar. Mit einem simplen Dreh kann man in dieser Hülse einen mit Zedernholz verkleideten Seitenschlitz öffnen und dadurch gegebenenfalls Luft und Feuchtigkeit zuführen.

Zigarre

Angeblich gibt es einen Tabakkäfer, der in Zigarren kleine Löcher frisst...

Speziell bei sehr warmer und feuchter Lagerung kann in Zigarren der gefürchtete Tabakkäfer zum Leben erwachen. Obwohl alle Hersteller in ihren Produktionsstätten auf entsprechende Hygienemaßnahmen achten, passiert es doch immer wieder, dass der Schädling seine Eier in einzelnen Tabakblättern ablegt. Bei Lagertemperaturen über 25 Grad entwickeln sich die Larven innerhalb von zwei bis drei Wochen zu einem gefräßigen Wurm, der sich durch die Tabakblätter frisst und einen winzigen Tunnel bis an die Oberfläche der Zigarre bohrt. Mit etwas Glück tut er dies in der Kiste oder im Humidor nur bei einer einzigen Zigarre und bettet sich danach, vollgefressen und stecknadelkopfgroß, wieder zur Ruhe. Halten Sie daher in regelmäßigen Abständen nach kleinen Löchern in ihren Zigarren und dem braunfarbenen Schädling Ausschau. Befallene Exemplare sollten sofort aussortiert werden.

Kontrollieren sie alle im Behältnis befindlichen Zigarren, fahnden Sie nach dem kleinen Monster, säubern Sie den Humidor so gründlich wie nur möglich und suchen Sie nach einem kühleren Aufbewahrungsort. Weil diese Insektenplage immer wieder auflebt, haben verantwortungsvolle Zigarrenimporteure zu einer wirkungsvollen Gegenmaßnahme gegriffen, die auf Grund ihrer Radikalität nur ungern verlautbart wird: Bevor die Zigarren in den Verkauf gelangen, werden Sie für kurze Zeit tiefgefroren. Das hält keine Larve aus, eine gute frische Zigarre aber sehr wohl.

Zitronengras

Hat Zitronengras etwas mit Zitronen zu tun?

Nein. Zitronengras ist ein asiatisches Würzgras und passt besonders gut zu Geflügel, Fisch und Meeresfrüchten. Der zitronenartige Geschmack des Grases stammt von dem in den Zellen der Pflanze enthaltenen ätherischen Öl Citral. Man kann ganze Halme mitgaren oder auch die Halme klein hacken. Zitronengrashalme werden auch statt Holzspießen beim Braten von Fleisch und Fisch verwendet. Die richtige Dosierung von Zitronengras ist Erfahrungssache und wird leider oft übertrieben. Wenn die Würzung in der Hand von unfähigen Köchen liegt, bleibt immerhin der Trost, dass Zitronengras Magenverstimmungen beheben soll.

Zucker

Wer hat die Produktion von Zucker auf Basis der Runkelrübe erfunden?

Der Berliner Apotheker Andreas Sigismund Marggraf entwickelte im Jahr 1747 den ersten Rübenzucker, ehe dieser aber im großen Stil produziert wurde, sollte noch einige Zeit vergehen. Das „süße Salz“ war früher, vergleichbar mit sämtlichen Gewürzen, ein kostbares Genussmittel, das sich lediglich der europäische Hochadel leisten konnte. Die Geschichte des Zuckers ist eng mit der Kolonialisierung Amerikas und der Sklaverei verbunden. Erst als man für die Zuckerherstellung nicht mehr auf das aus den Tropen stammende Zuckerrohr angewiesen war, versüßte Zucker breiteren Bevölkerungsschichten das Leben.

Zucker

Wer hat den Würfelzucker erfunden?

Jakob Christof Rad, seines Zeichens Direktor der südböhmischen Zuckerraffinerie Datschitz, brachte 1843 den „Thee- oder Wiener Würfelzucker“ auf den Markt. Vorher kannte man nur den so genannten Zuckerhut, ein spitz zulaufendes Zuckerstück, dessen Zerstückelung mitunter zu Haushaltsunfällen führte. Der kleine Zuckerkubus ist seither aus unserem Leben nicht mehr wegzudenken. Wo würde sonst das Serum für die Polio-Schutzimpfung hingeträufelt? Womit soll man sein Pferd belohnen? Was wäre sonst gemeint, wenn die unvermeidliche „Wie viel Stück nehmen Sie"-Frage kommt?

Register

Namensregister